Silvia Bürkle

ANTI-ENTZÜNDUNGS-BOOSTER

© Dorothee Elfring

SILVIA BÜRKLE widmet sich mit großer Leidenschaft ihrer Arbeit und hat die Gabe, komplexe Zusammenhänge leicht verständlich, unterhaltsam und ergänzt um viele praktische Beispiele zu vermitteln.
Sie ist Diplom-Ingenieurin für Ernährungstechnik mit Schwerpunkt Diätetik. Gemeinsam mit dem Ernährungsmediziner Dr. med. Wolf Funfack entwickelte sie das weltweit bekannte Stoffwechselprogramm Metabolic Balance®. Sie war viele Jahre in der Produktentwicklung und Qualitätssicherung in der Lebensmittelindustrie tätig. Heute begeistert sie als Dozentin Ernährungsberater in der Ausbildung und wird regelmäßig als Referentin in Heilpraktiker- und allgemeinbildenden Schulen angefragt. Sie ist Autorin mehrerer erfolgreicher Bücher rund um das Thema gesunde Ernährung. Bei Königsfurt-Urania erschienen bereits die Titel **»Heimliche Entzündungen«**, **»Heimliche Entzündungen – Das Kochbuch«**, **»Die schnelle Smoothie-Diät«** sowie **»Die Sirtfood-Diät«**.
Silvia Bürkle lebt mit ihrer Familie in der Nähe von Ulm.

Silvia Bürkle

ANTI-ENTZÜNDUNGS-BOOSTER

- Rezepte, die besonders helfen
- Gegen heimliche Entzündungen

»HEIMLICHE ENTZÜNDUNGEN«
VON DER AUTORIN DES BESTSELLERS

KÖNIGSFURT URANIA

Haftungsausschluss

Die in diesem Buch enthaltenen Informationen und Ratschläge wurden von der Autorin sorgfältig recherchiert und geprüft. Eine Garantie kann dennoch nicht übernommen werden. Die Informationen und Ratschläge sind außerdem nicht dazu gedacht, die Beratung durch einen Arzt oder Therapeuten zu ersetzen, sofern eine solche angezeigt ist. Eine Haftung der Autorin oder des Verlags ist ausgeschlossen.

Bibliographische Information der Deutschen Nationalbibliothek

Die Deutsche Nationalbibliothek verzeichnet diese Publikation in der Deutschen Nationalbibliographie; detaillierte bibliographische Daten sind im Internet über http://dnb.d-nb.de abrufbar.

Originalausgabe
3. Auflage 2021

Ringstr. 32, D-24103 Kiel
www.koenigsfurt-urania.com

Umschlaggestaltung: grafikdesignhansen.de – Jan-Dirk Hansen, München, unter Verwendung von Motiven von Adobe Stock: © nata_vkusidey (U1); © Daniel Vincek (U4)

Abbildungen: Alle Bilder von Adobe Stock: Seite 5, 87 © Floydine; Seite 9 © Henner Damke; Seite 11 © Korta; Seite 13 © wgajda; Seite 21 © luckybusiness; Seite 23 © Alexandra Buss; Seite 26 © Yeko Photo Studio; Seite 31 © xiquence; Seite 34 © Alusha; Seite 38 © neillangan; Seite 41 © Artem Shadrin; Seite 43 © Iryna Melnyk; Seite 45 © contrastwerkstatt; Seite 46 von oben link nach unten rechts: © papzi, © amtiw, © H. Brauer (Brokkoli)/ Miguel Garcia Saavedra (Kohl) © Andrea Mücke, © Markus Mainka, © Fotodesign Märzinger (Knollensellerie)/ Barbara Pheby (Stangensellerie), © rdnzl, © on57, © kolesnikovserg, © Tatiana, © Igor Syrbu, © ilietus, © Tim UR, © Andrea Wilhelm, © Igor Syrbu, © Markus Mainka; Seite 47 von oben link nach unten rechts: © Xavier, © by-studio, © VRD, © Markus Mainka, © Moving Moment, © Diana Taliun, © ange1011, © Bert Folsom, © srekap, © Tim UR, © ExQuisine, © lantapix, © Tim UR, © didecs, © alinamd, © Angel Simon, © animaflora (Schwarzkümmelöl)/ H. Brauer)Nachtkerzenöl; Seite 48 von oben link nach unten rechts: © Barbara Pheby, © margo555, © azure, © akf, © Markus Mainka, © dasuwan, © Natalja Stotika, © Carola Vahldiek, © animaflora, © azure, © Erich Muecke, © oxie99, © margo555, © Peter Hermes Furian, © kolesnikovserg, © rdnzl; Seite 49 © kucherav; Seite 51 © kuvona; Seite 53 © annabell2012; Seite 54 © klukovkaali ; Seite 57 © noirchocolate; Seite 58 © iuliia_n; Seite 61 © Osterland; Seite 62, 80 © Brent Hofacker; Seite 65 © A_Lein; Seite 69 © lblinova; Seite 70 © Printemps; Seite 72 © Ildi ; Seite 74 © dream79; Seite 79 © fahrwasser; Seite 84 © yviewpoint; Seite 88 © monia_photos; Seite 90 © iriska_ira_ love; Seite 92 © Daniel Vincek

Projektleitung und Lektorat: Susanne Kirstein, München

Korrektur: Susanne Langer-Joffroy

Satz und Layout: grafikdesignhansen.de – Jan-Dirk Hansen, München

Druck und Bindung: Finidr s.r.o.

Printed in EU
ISBN 978-3-86826-170-7

MIX
Papier aus verantwortungsvollen Quellen
FSC® C014138

DAS APFELSYMBOL

HINWEIS: Das Apfelsymbol bei den Rezeptzutaten ab Seite 50 kennzeichnet die Lebensmittel mit besonders hoher entzündungshemmender Wirkung.

INHALT

ENDLICH SCHMERZFREI UND GESUND?

Fit und gesund bleiben – das wollen wir alle. Aber wie geht das? Chronische Krankheiten breiten sich immer stärker aus – sie werden sogar zu echten »Volkskrankheiten«. Oft sind heimliche Entzündungen die Ursache. Doch so weit muss es nicht kommen – dank unserer Anti-Entzündungs-Booster!

Ernährungsexperten werden nicht müde zu betonen, dass wir im Alter nicht zwangsläufig krank werden müssen. Vielmehr ist es unsere Ernährungs- und Lebensweise, die den Organismus über die Maßen belastet und entscheidend dazu beiträgt, dass unser Körper aus lauter Überforderung im Laufe des Lebens erkrankt.

Stille, chronische Entzündungen heißen die Übeltäter, die am Entstehungsprozess vieler Zivilisationskrankheiten wie Diabetes, Rheuma, Gicht, Gelenkschmerzen, Arthrose oder Herz-Kreislauf-Erkrankungen beteiligt sind.

Während wir bei akuten Entzündungen, wie Halsschmerzen, Verletzungen oder Prellungen schnell handeln können, damit die Schmerzen abklingen, verlaufen stille Entzündungen langsam und sie breiten sich unbemerkt im Körper aus.

Auf den ersten Blick scheint es beinahe so, dass chronische Entzündungen ein unabwendbares Schicksal im Alter seien. Doch jeder von uns kann viel tun – sowohl vorbeugen als auch lindern! Die richtige Lebensweise und die gezielte Entscheidung für Lebensmittel mit hohem Entzündungsschutz sind dabei das A und O.

In Zeiten von Fast Food und Fertiggerichten – an jeder Straßenecke und in jedem Supermarkt massenweise erhältlich – leidet oft die Qualität des Essens: Zu fett, zu süß, zu wenig Vitalstoffe! Deshalb ist es wichtiger denn je, den Fokus auf die richtige Auswahl der Lebensmittel zu legen, wenn wir uns vor der Volkskrankheit »chronische Entzündungen« schützen möchten.

Die Natur bietet alles, was wir brauchen

Es gibt eine Vielzahl natürlicher Lebensmittel mit hohem Gehalt an antientzündlichen Wirkstoffen. Sie können Entzündungsschmerzen lindern. Pflanzliche Omega-3-Öle, Rote Bete, Brokkoli, Kohl, Nüsse, Hagebutten, Beeren oder Gewürze wie Ingwer, Kurkuma, Zimt und Chili sind nur einige, die die Basis einer Anti-Entzündungs-Diät bilden. Auch Kräuter wie Thymian, Dill, Rosmarin, Salbei oder Kamille sind wahre Anti-Entzündungs-Booster, mit denen man schnell Speisen aufwerten kann oder die als Tee zubereitet wertvolle Dienste leisten können.

Hören Sie auf sich – jeder braucht etwas anderes

Dieses Buch gibt viele Anregungen, sich vor chronischen Erkrankungen zu schützen. Viele Menschen haben sich bereits für eine gesündere Lebensweise und eine natürliche Ernährung entschieden. Manche verzichten bewusst auf einzelne Lebensmittel, wie z. B. Fleisch, Fisch oder Getreide. Auf der Suche nach mehr Wohlbefinden versuchen wieder andere, mit Paleo, Steinzeiternährung, Low Carb oder Intervallfasten ihre Ernährung umzustellen, um eingefahrene, ungünstige Ernährungsmuster abzulegen. Für manch einen mag das schon ausreichen, für den anderen dagegen ist damit noch keine Linderung der Schmerzen in Sicht.

Das ist auch verständlich. Der menschliche Organismus besteht aus Billionen von Zellen, die alle nach ihren ganz individuellen Bedürfnissen ernährt und versorgt werden wollen. Jeder Stoffwechsel läuft anders! Wer also gesünder essen und leben, Übergewicht abbauen oder chronische Krankheiten lindern möchte, sollte die Ernährung auf seine ganz individuellen Bedürfnisse und Verträglichkeiten abstimmen und den Fokus auf natürliche, schonend zubereitete Lebensmittel mit hohem Nährstoffgehalt legen, die genau das liefern, was der Körper braucht.

Verhaltensänderungen geschehen langsam

Langjährige Gewohnheiten zu ändern gelingt nicht über Nacht – und schon gar keine Veränderungen der Essgewohnheiten. Liebgewonnene ungesunde Ernährungsmuster, die uns schon lange, manchmal schon seit der Kindheit begleiten, mit denen wir Erinnerungen und Emotionen verknüpfen, halten sich mitunter hartnäckig. Sie abzulegen oder zu verändern kann zur echten Herausforderung werden. Hier brauchen wir Zeit, Geduld mit uns selbst und oft auch neue Anregungen. Mit dieser Haltung ist das Ziel in Sicht – und erreichbar.

Fangen Sie an!

Nach dem Erfolg meiner ersten beiden Bücher zum Thema »Heimliche Entzündungen« möchte ich Ihnen in diesem Buch schnelle und hoch wirksame »Anti-Entzündungs-Booster« an die Hand geben, mit denen Sie Ihre Ernährung mit wenig Tricks effektiv und schnell aufwerten können. So können Sie sich vor schleichenden Entzündungen wirksam schützen. Sie finden viele Rezeptideen für Getränke, Pestos, Dips, Saucen, Dressings u.v.m. mit effektivem Entzündungsschutz. Alle Rezepte sind einfach und schnell zubereitet und werten jede Mahlzeit enorm auf, ohne dass Sie Ihre Ernährung radikal umstellen müssen.

Nehmen Sie auf diese Weise täglich eine zusätzliche Portion natürlicher entzündungshemmender Wirkstoffe auf und geben Sie heimlichen Entzündungen keine Chance. Sie finden wahre Anti-Entzündungs-Booster, die auf Vorrat zubereitet und leicht in den Alltag integriert werden können. Legen Sie heute den Grundstein für eine anti-entzündliche Ernährung. Und vielleicht ist das dann der Ausgangspunkt für eine für Sie individuell passende Ernährungsumstellung, die im Anschluss daran folgen kann. Fangen Sie an – Ihrer Gesundheit zuliebe.

Ihre
Silvia Bürkle

DIAGNOSE: HEIMLICHE ENTZÜNDUNGEN

Jeden Tag kommen wir mit Millionen von Bakterien, Viren und Parasiten in Kontakt. In der Regel ist unser Schutzmechanismus, das Immunsystem, darauf vorbereitet. Wenn es jedoch angeschlagen und überfordert ist, können sich Entzündungen ausbreiten – und chronisch werden.

Ein abwehrstarkes, gesundes Immunsystem ist dafür da, unliebsame Krankheitserreger und Fremdkörper daran zu hindern, sich im Körper auszubreiten. Doch nicht immer läuft das komplexe Zusammenspiel aller Immunreaktionen reibungslos ineinander. Dann können Krankmacher in den Körper eindringen, sich niederlassen und lange Zeit unbemerkt sogenannte stille, heimliche Entzündungen verursachen. Dabei kann jedes Organ oder Gewebe von einer Entzündung heimgesucht werden.

Oftmals entwickeln sich chronische Entzündungen aus einem akuten Geschehen. Zwar werden akute Entzündungen vom Immunsystem bekämpft, doch manchmal heilen sie eben nur »oberflächlich« aus. Bakterien und Viren sind wahre Überlebenskünstler, insbesondere wenn das Immunsystem geschwächt ist.

Der Weg zur heimlichen Entzündung

Heimliche oder stille Entzündungen entstehen nicht plötzlich über Nacht. Oftmals entwickeln sie sich aus einer akuten Entzündung heraus. Man kann sogar sagen, dass stille Entzündungen den Grundstein für chronische Entzündungen legen.

Dabei fängt es meist ganz harmlos an, z. B. mit einer akuten Entzündung – eine Erkältung, Zahnschmerzen oder Magenschmerzen. Mit den entsprechenden Pflegemaßnahmen klingen die Schmerzen meist schnell ab. Man fühlt sich dann noch etwas schlapp, aber ansonsten ist alles wieder im Lot. Ein starkes Immunsystem unterstützt den Heilungsprozess. Doch es ist durch ständige Ernährungsfehler, Übersäuerung des Körpers, Übergewicht, übermäßigen Stress oder Schlafmangel vielleicht ohnehin schon überfordert und kann der Belastung auf Dauer nicht mehr standhalten. Das ist der Nährboden für chronische Entzündungen. Bakterien oder Viren breiten sich aus und attackieren den Körper und seine Organe. Der Körper gibt sich dadurch nicht gleich geschlagen und versucht mit Aktivierung weiterer Botenstoffe die Gefahr einzugrenzen – mehr oder weniger erfolgreich. Bereits geschädigte Gewebe werden erneut gereizt und eine Regenerierung wird unterbunden – der Weg zur stillen, heimlichen Entzündung ist geebnet.

Heimliche Entzündung – ein Programmfehler?

Das Immunsystem ist unsere Polizei im Körper. Es registriert sofort, wenn Fremdkörper in den Organismus eindringen. Das kann z.B. über die Haut passieren, wenn die natürliche Barriere, der »Säureschutzmantel«, durchlässig geworden ist, z.B. durch eine äußere Verletzung. Mit einer schnellen Eingreiftruppe hält unser Immunsystem die unliebsamen Eindringlinge in Schach, ohne dass wir es bemerken. Manchmal muss die Körperabwehr aber zusätzliche Hilfe anfordern und aktiviert weitere Abwehrzellen.

Der Name »Silent Inflammation« – also stille, heimliche Entzündungen – klingt erstmal nicht aufregend, sondern eher harmlos, also kein Grund zur Aufregung. Schließlich machen sich Entzündungen in der Regel ganz deutlich durch Schmerzen, Schwellungen und damit verbundener Rötung bemerkbar. Manchmal wird die Stelle auch warm und wir bekommen Fieber.

Gefahr lauert im Verborgenen

Bei »stillen, heimlichen Entzündungen« ist das anders. Denn die charakteristischen Symptome eines akuten Geschehens (Schmerz, Schwellung, Rötung, Wärme) fehlen bei stillen Entzündungsprozessen – sie bleiben lange unentdeckt.

Chronische Entzündungen verhalten sich wie ein Vulkan. Es brodelt lange Zeit im Inneren, aber von außen ist nichts zu sehen. Der Vulkan erscheint zwar wuchtig, aber er ziert ruhig die Landschaft. Erst wenn er aktiv wird und mit seiner Kraft die heiße Lava und Asche nach außen schleudert, wird die Gefahr sichtbar und Handeln ist angesagt.

Ganz ähnlich verhält es sich bei stillen Entzündungen in unserem Körper, die im Verborgenen permanent und manchmal sogar über Monate und Jahre die inneren Organe attackieren und schädigen, bis sie sich schließlich durch den Ausbruch einer Krankheit bemerkbar machen. Diabetes mellitus Typ 2, Fettstoffwechselstörungen, Rheuma, Gelenkbeschwerden, auch Allergien, Asthma und Herz-Kreislauf-Erkrankungen sind Beispiele von »Vulkanausbrüchen«, die ihren Brandherd lange Zeit im Inneren verborgen hielten.

Heimliche Entzündungen verhalten sich wie ein Vulkan – im Inneren brodelt es gewaltig, aber von außen ist (noch) nichts zu sehen.

AUSLÖSER FÜR ENTZÜNDUNGEN

Wenn wir überlegen, was Entzündungen auslösen kann, fällt uns ein: Prellungen, Zerrungen, Verbrennungen, chemische Säuren, Fremdkörper, Bakterien oder Viren. Dabei sind das eigentlich nur »Randerscheinungen«. Schlechte Ernährung und Lebensweise sind die eigentlichen Zündstoffe.

Wenn die Verletzung oder Schwächung des Organismus von außen sichtbar ist, wie in den oben genannten Beispielen, und sich die verletzte Stelle entzündet, ist das in den allermeisten Fällen kein großes Problem. Meist ist schnell ein wirksames Mittel zur Gegenwehr und Beseitigung parat.

Doch es gibt noch viele andere Faktoren, die den Körper schwächen. Selten werden eine kranke Bakterienbesiedlung im Darm, übermäßiger Stress, Schlafdefizite, Bewegungsmangel oder Allergien genannt, wenn den Ursachen von chronischen Entzündungen auf den Grund gegangen wird. Dabei sind diese Faktoren, oder sagen wir »Lebensumstände«, neben einer vitalstoffarmen und übersäuernden Ernährung maßgeblich beteiligt an der Entstehung von stillen Entzündungen, die sich letztendlich in einer chronischen (Volks-)Krankheit manifestieren können.

Alles beginnt im Darm

Mit einer Fläche von knapp 500 qm und etwa 7-8 Metern Länge ist der Darm das größte Organ im Körper. Dennoch bekommt es nach wie vor am wenigsten Beachtung. Eigentlich unverständlich, denn der Darm erledigt die wichtigsten und komplexesten Aufgaben im Stoffwechselprozess. Alles, was wir im Laufe unseres Lebens essen und trinken, kommt im Darm an und wird bei der Verdauung in die kleinsten Bausteine, die wertvollen Nährstoffe, zerlegt. Aber auch Schad- und Ballaststoffe landen hier.

Im Darm wird die Spreu vom Weizen getrennt: Die Nährstoffe werden über die Darmschleimhaut aufgenommen. Gleichzeitig werden aber auch fremde Eindringliche wie Schadstoffe, Krankheitserreger oder auch Ballaststoffe an der Aufnahme gehindert. Der Körper scheidet sie aus.

Diese Selektion wird durch die Darmbakterien, die die Darmschleimhaut dicht besiedeln, maßgeblich gesteuert. Sie bilden im gesunden Zustand eine dichte Schutzbarriere und verhindern, dass unverdaute Nahrungsbestandteile, Bakterien, Gift- und Schadstoffe in den Blutkreislauf gelangen, wo sie nichts zu suchen haben.

Allerdings treten durch unsere moderne Ernährungsweise immer häufiger Komplikationen auf.

Eine Vielzahl an Nahrungsmitteln, die wir zu uns nehmen, schaden dem Darm: Sie sind stark verarbeitet, enthalten viele Zusatzstoffe wie Farb- und Konservierungsstoffe, sind reich an Fruktose oder Gluten. Essen wir auf Dauer zu viel davon, verändern sich Anzahl und Zusammensetzung der Bakterien im Darm. Der gesamte Organismus wird darunter leiden – und auf Dauer krank werden.

Die Risiken stark verarbeiteter Lebensmittel

Meist enthalten stark verarbeitete Lebensmittel, Fertiggerichte und Fast Food aber nicht nur die schädlichen Inhaltsstoffe. Es fehlen zudem die notwendigen Vital- und Ballaststoffe, die unser Körper täglich braucht. Man kann es sich auch so vorstellen: Diese Nahrungsmittel wirken ähnlich wie Pflanzenschutzmittel. Wenn man sie auf den Feldern ausbringt, möchte man spezielles Unkraut und Ungeziefer fernhalten. Das bleibt aber nicht ohne Folgen: Bekanntes Unkraut und Ungeziefer werden vernichtet, aber es machen sich unbekannte oder resistente Arten breit, die den Pflanzen weit mehr schaden als nutzen können!

Ähnlich verhält es sich mit den Darmbakterien und der Darmschleimhaut: Wenn wir häufig stark verarbeitete Nahrungsmittel mit vielen Zusatzstoffen verzehren, Medikamente einnehmen, Nahrungsmittelunverträglichkeiten etc. haben, leidet der Darm. Die einst intakte natürliche Schranke für unliebsame Stoffe wird außer Kraft gesetzt. Sie wird beschädigt, durchlässig, kann sich entzünden und ihre Verdauungsaufgaben nicht mehr richtig wahrnehmen. Das ist kritisch, und zwar für den gesamten Organismus, weil sich im und um den Darm rund 70 Prozent der Immunzellen befinden. Ein kranker Darm bedeutet also gleichzeitig auch eine geschwächte Körperabwehr.

Ein Blick auf die Zutatenliste lohnt sich immer – lassen Sie alles im Regal stehen, was fünf oder mehr Zutaten hat.

Die Verdauung gerät ins Wanken

Ist die Darmschleimhaut also erst einmal geschädigt, nimmt das Verdauungsübel seinen Lauf. Die Nahrung kann nicht mehr vollständig verdaut werden und bleibt im Darm liegen. Das wiederum löst Fäulnis- und Gärprozesse aus, die die wertvollen Darmbakterien aus dem Gleichgewicht bringen. Die Folge: Die Darmschleimhaut wird durchlässig.

Viele Nahrungsbestandteile, die normalerweise ausgeschieden werden, können durch die undichte Darmwand hindurch strömen und ganz ungehindert in die Blutbahn und zu allen Zellen und Organen des Körpers gelangen. Erst einmal im Körperinneren angekommen, können diese Verbindungen den gesamten Stoffwechsel sowie die Bildung von Enzymen und Hormonen erheblich aus dem Gleichgewicht bringen.

Das Immunsystem kapituliert

Auch das Immunsystem wird auf kurz oder lang massiv beeinträchtigt. Zum einen werden die im Darm ansässigen Immunzellen zerstört, wenn sich der Darm entzündet und löchrig wird. Zum anderen liefert das Industrieessen zu wenig wichtige Vitalstoffe, damit die Körperabwehr stabil bleiben kann. Auf Dauer wird unser Immunsystem also die fremden Eindringlinge nicht mehr in Schach halten können – Entzündungen können sich so im Körperinneren zunächst noch unbemerkt, aber mit aller Konsequenz nach und nach ausbreiten.

Das »böse« Körperfett!

Die am weitesten verbreiteten Essprobleme sind bzw. resultieren aus einem zu hohen Körpergewicht. Dieses Übergewicht auf gesunde Weise wieder loszuwerden, kann mit gesunder und vor allem bedarfsgerechter Ernährung leicht gelingen. Übergewicht ist aber nicht gleich Übergewicht – so einfach ist es nicht. Zahlreiche Detailfragen beschäftigen Ernährungswissenschaftler und Mediziner seit vielen Jahren wie z.B.: Wo genau sitzen die Fettpölsterchen? Macht es einen Unterschied, ob ich mehr Bauchfett habe oder ob ich eher zu starken Hüften und starken Beinen neige? Allen voran stellt sich jedoch die Frage: Warum nehmen wir eigentlich zu? Einiger Ernährungsfachleute sehen die Ursache ganz vordergründig: »Es ist einfach eine Dysbalance zwischen Kalorienzufuhr und Kalorienverbrauch.« Doch es gibt sehr unterschiedliche Sichtweisen und Erklärungen. Andere wiederum sind der Meinung, entscheidend sei, was man esse. Sie machen also die Auswahl der Lebensmittel bzw. Nahrungsmittel für das Zunehmen verantwortlich. Wieder andere vertreten die Ansicht, dass ein Ungleichgewicht der Hormone dafür ausschlaggebend sein müsse. Und wenn man sich dazu die zahlreichen Studien ansieht, wird man feststellen, dass auch Stress, Schlafmangel und nicht zuletzt eine Übersäuerung des Organismus dazu beitragen können, dass die Gewichtskurve nach oben Fahrt aufnimmt.

Das Fett-Speicher-Programm

Stoffwechselprozesse und Verdauungsvorgänge sind tief in unserer Evolution verankert. So ist der Körper darauf programmiert, Fett zu speichern. Das ist eine Art Sicherungssystem, um einerseits auch in Notzeiten auf Energiereserven zurückgreifen zu können. Andererseits schützen die Fettpölsterchen die inneren Organe vor Stoß und Druck.

Fettgewebe bildet Stoffe, die chronische Entzündungen anheizen. Wer sich ausgewogen ernährt, kann wirksam gegensteuern.

Nun ist es aber so, dass wir heutzutage nur selten Notzeiten erleben müssen, dennoch spult unser Körper das Reserveprogramm ganz automatisch ab. Die stillen Energiereserven werden also so gut wie nie aufgebraucht, sondern permanent weiter aufgebaut. Die Folgen sind unausweichlich: Wir legen an Körperfett zu! Die Wölbung unter unserem Hemd nimmt langsam Konturen an und wir finden unseren Fettspeicher beim Blick in den Spiegel nicht wirklich berauschend. Grundsätzlich ist wohl niemand erfreut über eine Gewichtszunahme, die über die Maßen erfolgt – ganz egal, an welcher Stelle sich das Körperfett festsetzt. Doch aus ernährungswissenschaftlicher Sicht lohnt es tatsächlich, genau hinzuschauen: Fett, das sich im Bauchbereich ansammelt, ist nämlich besonders ungesund. Es stellt vielmehr ein großes Gesundheitsrisiko dar.

Stoffwechselaktive Fettpölsterchen

Das Fettgewebe am Bauch ist nicht einfach nur ein Energiespeicher, der passiv dort sitzt und nichts tut. Vielmehr ist er ziemlich stoffwechselaktiv und beeinflusst das restliche Körpergeschehen stark. Bauchfett produziert Hormone und verschiedene andere Stoffe, die Entzündungen im Körper entstehen lassen oder bereits bestehende Entzündungen ordentlich anheizen können. Aus dem Fettgewebe werden also permanent Hormone und entzündungsfördernde Stoffe (die sogenannten Zytokine) ans Blut abgegeben. Des Weiteren haben diese Zytokine ganz entscheidenden Einfluss auf den gesamten Kohlenhydrat- und Insulinstoffwechsel. Unter ihrem Einfluss werden Leber- und Muskelzellen unempfindlich gegenüber Insulin. Und auch die Zellen, die Insulin produzieren, werden in Mitleidenschaft gezogen. Mit bitteren Folgen für die Gesundheit: Die Energie in Form von Zucker, die nach abgeschlossener Verdauung in unserem Blut ankommt, kann nicht mehr in die Zellen aufgenommen werden. So steigt nicht nur der Blutzuckerspiegel an, sondern die Zellen »verhungern« und können wiederum ihre Aufgaben im Organismus nicht mehr optimal erfüllen.

Vorsicht – gefährliche Kombination

Hohe Blutzuckerwerte ziehen zahlreiche Folgekrankheiten und Funktionsstörungen nach sich. Denn die Kombination aus hohen Zuckerwerten und zu vielen Botenstoffen (Zytokinen) im Blut wirkt sich an vielen Stellen des Körpers schädlich aus. Eine davon ist, dass sich bestimmte Eiweißstoffe im Blut verändern, sodass es »dickflüssiger« wird, schneller gerinnt und sich in der Folge die Gefäße schneller verschließen. So geht also Übergewicht, bei dem sich Fettpölsterchen überwiegend im Bauchraum ansetzen, einher mit einem höheren Risiko für Schlaganfall und Herzinfarkt.

Stress & Schlafmangel – eine gefährliche Kombination

Stress wird häufig als typisches Phänomen unserer heutigen Zeit bezeichnet. Dabei sind Stressreaktionen ein uraltes Programm unserer Gene. Sie laufen völlig automatisch und unbewusst ab. Wenn wir z. B. Gefahr wittern oder Angst haben, springt automatisch ein System an, das unseren Körper auf Kampf oder Flucht vorbereitet. In dieser Situation werden im menschlichen Organismus verstärkt Stresshormone gebildet, die Atmung beschleunigt sich automatisch, Puls und Blutdruck erhöhen sich. Verdauungsabläufe und das Immunsystem werden dagegen zurückgefahren. In Stresssituationen bildet der Körper Cortisol, das auch als »Stresshormon« bezeichnet wird. Es bewirkt u. a., dass die Bildung von Immun- bzw. Abwehrzellen heruntergeschraubt wird, insbesondere die T-Zellen werden deutlich weniger. Unser Körper ist also nicht mehr so widerstandsfähig und krank machende Keime wie z. B. Bakterien und Viren haben dann ein leichtes Spiel – sie können sich leichter und schneller im Körper ausbreiten.

Dauerstress macht uns also anfälliger für Krankheiten. Aber nicht nur das – auch Heilungsprozesse verzögern sich durch chronischen Stress.

Wie wirkt Cortisol?

In Stresssituationen benötigt der Körper Energie, und das möglichst schnell. Er bildet das Stresshormon Cortisol, das die Leber anregt, den Energiebaustein Glukose zu bilden. Auch im Alltag bildet unser Körper Cortisol, damit wir fit und aktiv sind. Morgens um 6 Uhr ist der Cortisolspiegel am

SO VIEL BAUCH DARF ES SEIN

Um Gewissheit zu haben, ob sich zu viel Bauchfett angesammelt hat, misst man am besten den Bauchumfang.
Der Wert sollte bei Frauen nicht mehr als 88 Zentimeter und bei Männern höchstens 102 Zentimeter betragen.
Mithilfe der sogenannten Waist-to-Height-Ratio (errechnet sich aus dem Bauchumfang geteilt durch die Körpergröße) wird ermittelt, ob man im Normbereich (0,4-0,5) oder darüber liegt.

höchsten, abends ab Sonnenuntergang sollte er normalerweise am niedrigsten sein. In den Abendstunden, in denen wir langsam zur Ruhe kommen und uns auf die nächtliche Ruhe einstimmen, bildet der Körper ein weiteres Hormon, das Melatonin. Es wird auch Schlafhormon genannt und ist damit der Gegenspieler von Cortisol.

Hormonelle Auslöser von Schlafstörungen

Heute gehen Schlafforscher davon aus, dass auch chronischer Stress ein Auslöser für Schlafstörungen und -mangel sind. Durch die permanente Ausschüttung des Stresshormons Cortisol wird die Bildung des Schlafhormons Melatonin gehemmt. Äußerst sensible Sensoren im Körper sorgen dafür, dass wir bei chronischem Stress abends einen erneuten Aktivitätsschub bekommen, weil unser Körper immer weiter Cortisol produziert.

Melatoninmangel stört den Schlaf-Wach-Rhythmus – es kommt zu belastenden Schlafstörungen.

Schlafmangel macht krank und dick

Wer nicht genug schläft, wird krank. Und umgekehrt: Wer krank ist, kann sich auch gesund schlafen. Im Schlaf können sich fast alle Körperfunktionen und Organe erholen. Unser Gehirn beispielsweise kann Erlebtes verarbeiten und am Vortag Gelerntes dauerhaft abspeichern. Alle unwichtigen Informationen werden dagegen im Schlaf gelöscht.

Schlafphasen haben außerdem einen ganz erheblichen Einfluss auf den Hormonhaushalt. So produziert der Körper in der ersten Nachthälfte die Wachstumshormone, die für körperliche Fitness, Muskelaufbau und Fettabbau zuständig sind. Bei Schlafmangel dagegen wird das Hormon Ghrelin in größerer Menge produziert. Dieses Hormon macht hungrig und gleichzeitig wird die Produktion des Sättigungshormons Leptin reduziert.

Unser Schlafverhalten hat also unmittelbaren Einfluss auf den Appetit, es beeinflusst den Energiestoffwechsel und kann auf Dauer für die Entstehung von Übergewicht verantwortlich sein.

Das Immunsystem braucht viel Ruhe

Anhaltender Schlafmangel belastet das gesamte Nervensystem, verändert die Wahrnehmung, stört die Sinne und schwächt das Immunsystem. Vor allem die körpereigenen Abwehrzellen benötigen genügend Zeit und Ruhephasen, um sich zu regenerieren. Aber was passiert, wenn wir schlafen?

Während des Schlafs kann das Immunsystem sogenannte Zytokine bilden, die vor Entzündungen schützen. Wenn wir aber dauerhaft zu wenig schlafen und dem Körper keine Regenerationsphasen gönnen, produziert er auch weniger Schutzstoffe. Der Körper wird geschwächt und wir werden anfällig für Infektionen. Deshalb braucht unser Organismus – insbesondere bei geschwächter Abwehr wie z. B. bei Unverträglichkeiten oder Allergien – täglich zwischen sieben und acht Stunden erholsamen Schlaf.

Außerdem haben Mediziner und Schlafforscher in Studien eindeutig bewiesen, dass Bluthochdruck, Herzkrankheiten, Magen-Darm-Erkrankungen sowie psychische Krankheiten wie z. B. Depressionen häufig Folgeerkrankungen eines chronisch gestörten Schlafs sein können.

EXKURS: ZUCKER – SÜSSES GIFT

Sind wir einmal ganz ehrlich – wir können uns eine Ernährung ganz ohne Zucker, ohne Dessert, Kuchen, Schokolade, Marmelade oder Eis gar nicht so richtig vorstellen, oder? In der Tat nimmt jeder Deutsche nach Angaben des Bundesamtes für Statistik im Durchschnitt 38 kg Haushaltszucker pro Jahr zu sich, umgerechnet also mehr als 100 g täglich. Das ist viel! Und es ist mehr als die Weltgesundheitsorganisation (WHO) mit 50 g reinem Zucker pro Tag empfiehlt. Ein Glas Limonade (200 ml) enthält z. B. 20 g Zucker, ein Becher Fruchtjoghurt (200 g) schlägt mit 25 g Zucker zu Buche oder ein Stück Milchschokolade (ca. 16 g) kann mit 9 g Zucker aufwarten. Nicht, dass wir den Zucker verteufeln wollen – nein, unser Organismus braucht ihn, insbesondere das Gehirn, für das der Zuckerbaustein Glukose die beste Energiequelle ist.

Der Körper kann also nur mit dem kleinsten Zuckerbaustein Glukose etwas anfangen. Mit welchen Lebensmitteln er die Glukose bekommt, ist für ihn zunächst zweitrangig. Denn es gibt weit mehr Lebensmittel als nur den weißen Haushaltszucker, aus denen der Körper Glukose gewinnt. Und dann kommen wir ganz schnell auf enorme Zuckermengen, die wir tagtäglich zu uns nehmen.

Diese Lebensmittel liefern ebenfalls Zucker

Neben dem sichtbaren Zucker, also dem reinen Haushaltszucker, sowie allem, was eindeutig süß schmeckt, wie z. B. Kuchen, Gebäck, Schokolade, Süßigkeiten, Marmelade und Co., werden alle Kohlenhydrate, die wir als Nudeln, Reis, Kartoffeln oder Brot essen, ebenfalls zu diesen kleinsten Zuckerbausteinen, der Glukose, abgebaut. Diese gelangt über die Darmzellen in die Blutbahn und lässt den Blutzuckerspiegel ansteigen. Wenn wir zu viel Süßes und Kohlenhydrathaltiges essen, steigt er über die Maßen – mit negativen Folgen für die Gesundheit.

Viel hilft nicht viel

Glukose ist jedoch nicht nur Energie für die Zellen, sie ist indirekt auch an der Produktion von Serotonin beteiligt, das im Gehirn gebildet wird. Serotonin gilt als das »Glückshormon« und ist u. a. verantwortlich für Gefühle wie Zufriedenheit, Heiterkeit und innere Gelassenheit. Wissenschaftler haben herausgefunden, dass eine Portion von 2,5 Esslöffeln Zucker oder 60 Gramm einer Süßigkeit für das Glücksgefühl ausreichend sind. Interessanterweise führt eine höhere Dosis weder zu einem besseren noch zu einem schnelleren Ergebnis!

Zucker als billiger Füllstoff

In früheren Zeiten war Zucker etwas Besonderes, er galt als wertvolles Gut, mit dem sogar gehandelt wurde. Diese Zeiten sind längst vorbei. Heute ist Zucker allgegenwärtig und manchmal sogar dort zu finden, wo man ihn gar nicht vermutet.

Süß ist beliebt. Aber nicht nur wegen des Geschmacks, sondern auch wegen seiner

positiven Eigenschaften bei der Verarbeitung wird er in der Lebensmittelherstellung reichlich eingesetzt.
Zucker verbessert z. B. die Konsistenz von fettreduzierten Lebensmitteln und konserviert. Lebensmittel bleiben länger haltbar.
In Form von Stärke, also Kohlenhydraten, die ebenfalls zu Glukose abgebaut werden, wird Zucker auch als Füllstoff verwendet. Stärke aus Kartoffeln oder Mais ist billig und erhöht das Volumen. Aus diesen Gründen finden wir den Zucker in zahlreichen Fertigprodukten – sogar in pikanten Lebensmitteln wie Tütensuppen oder Wurst.

Die Folgen der Zuckersucht

In unserem übermäßigen Zuckerkonsum sehen Wissenschaftler eine der Hauptursachen für die Entstehung von Zivilisationskrankheiten wie z. B. Diabetes mellitus Typ 2, Bluthochdruck oder Lebererkrankungen.
Wenn man genau hinschaut, gerät vor allem die Fruktose ins Visier. Dabei handelt es sich nicht, wie oftmals angenommen, ausschließlich um den Fruchtzucker aus Obst, sondern der Zuckerbaustein Fruktose wird auch aus Mais gewonnen. Er ist billig und in Form von Fruktose-Glukose-Sirup wird er zahlreichen Nahrungsmitteln zugesetzt.

Das gefährliche Fruktose-Glukose-Gemisch

Studien haben gezeigt, dass Lebensmittel mit einem hohen Fruktoseanteil den Fettstoffwechsel ungünstig beeinflussen können. Während Glukose schnell ins Blut geht und von dort mithilfe von Insulin rasch in alle Körperzellen aufgenommen wird, geht die Fruktose andere Stoffwechselwege. Sie wird vor allem in der Leber verwertet. Kommt dort zu viel Fruktose an, ist sie mit der Fruktoseflut überfordert und baut sie um zu Fett. Dieses Fett wird teilweise in der Leber abgelagert, und teilweise über den Blutkreislauf zu anderen Organen transportiert. Das hat zur Folge, dass die Leistungskapazität der Leber und der anderen Organe auf Dauer eingeschränkt wird.
Doch damit nicht genug. Es wurde außerdem festgestellt, dass sich ein hoher Fruktosekonsum auch auf das Essverhalten auswirkt. Je mehr Fruktose wir essen, desto größer wird die Lust aufs Essen. Die Fettpölsterchen nehmen zu – insbesondere das gefährliche Bauchfett (siehe Seite 12ff.). In Bezug auf chronische Entzündungsprozesse ist das eine äußerst ungünstige Voraussetzung, denn genau dort werden die Stoffe gebildet, die Entzündungen anfeuern.

Der Darm – die Basis vieler Krankheiten

Auch der Darm leidet sehr unter einem Überangebot an Zucker jeglicher Art. Zucker bietet eine optimale Nahrungsquelle für im Darm ansässige parasitäre Pilze, z. B. Candida albicans, die sich reichlich am »Zuckerbuffet« bedienen und sich schnell vermehren können. Dabei verdrängen sie leider andere Bakterienstämme, die der Gesundheit zuträglich sind, und können die Darmwand schädigen. Auf lange Sicht kann sich die Darmwand verändern, sie wird porös und bestimmte Verbindungen gelangen durch diese Löcher plötzlich in die Blutbahn, wo sie nicht hingehören. Unzureichend verdaute Nahrungsbestandteile sowie Keime, Gift- und Schadstoffe strömen nun ins Blut. Diese Fremdstoffe werden schließlich vom Immunsystem wahrgenommen und attackiert. Nicht selten ist dieser »Fehler im System« die Ursache für die Entwicklung von Unverträglichkeiten, Allergien oder chronischen Entzündungsprozessen.

So versteckt sich der Zucker in den Lebensmitten

Zucker zu meiden ist nicht ganz einfach. Solange er sichtbar ist als weißer Haushaltszucker oder schmeckbar in süßem Essen steckt, ist es nicht ganz so schwierig. Viel schwieriger ist es, den Zucker in verarbeiteten Produkten zu identifizieren, da er sich hinter vielen verschiedenen Namen versteckt. Achten Sie beim Blick aufs Etikett auf diese »Tarnnamen«:

DEXTROSE (GLUKOSE), auch Traubenzucker genannt, wird industriell aus Kartoffel- oder Maisstärke gewonnen und ist etwa halb so süß wie Rübenzucker.

FRUKTOSE (FRUCHTZUCKER) kommt natürlich in Früchten und Honig vor. Industriell wird er aus Maisstärke gewonnen, wo Fruchtzucker natürlicherweise gar nicht enthalten ist! Dabei wird die Maisstärke durch Fermentationsprozesse überwiegend in ihre einzelnen Glukosebausteine zerlegt. Durch weitere Enzymreaktionen wird sie dann zum großen Teil in Fruktose umgewandelt. Es entsteht Isoglukose, die als »Fructose-Glucose-Sirup« bekannt ist.

MALTOSE (MALZZUCKER) entsteht beim Abbau von Stärke.

LAKTOSE (MILCHZUCKER) wird industriell aus Kuhmilchmolke gewonnen. Milchzucker wirkt leicht abführend, fördert die gesunde Entwicklung der Darmflora v. a. bei Säuglingen und wird häufig als Trägerstoff bei Medikamenten eingesetzt.

GLUKOSESIRUP, WEIZENSIRUP, FRUKTOSE-GLUKOSE-SIRUP ODER MAISSTÄRKESIRUP werden industriell aus Getreide- oder Maisstärke gewonnen und enthalten verschiedene Zuckerarten. Sie werden vorwiegend in der Lebensmittelindustrie eingesetzt.

MALTODEXTRIN setzt sich aus vier Glukosebausteinen zusammen und wird als Stärke bezeichnet. Industriell wird Maltodextrin gerne als Füllstoff für Instantsuppen und dergleichen verwendet.

INVERTZUCKER ist ein Gemisch aus Trauben- und Fruchtzucker, der natürlicherweise auch in Honig vorkommt. Meist wird er allerdings industriell hergestellt, indem man entweder Haushaltszucker mit verdünnter Säure kocht oder Glukosesirup enzymatisch behandelt. Invertzucker oder auch Invertzuckercreme ist die neuere Bezeichnung für Kunsthonig.

BRAUNER ZUCKER ist Rübenzucker, der eine Reinigungsstufe weniger durchlaufen hat als weißer Raffinadezucker. Gelegentlich wird auch Raffinadezucker mit Zuckercouleur gefärbt und als brauner Zucker verkauft.

ROHRZUCKER ODER ROHZUCKER wird aus Zuckerrohr gewonnen und ist meist nicht raffiniert. Rohrzucker zeichnet sich durch die goldgelbe Farbe, einen karamellartigen Geschmack und eine milde Süße aus.

SIRUP ODER DICKSAFT, wie z. B. Ahornsirup, Rübensirup, Apfeldicksaft, Birnendicksaft, Agavendicksaft und dergleichen, wird durch mehrmaliges Aufkochen des aus dem Produkt gewonnenen Saftes hergestellt. Dadurch verdampft das Wasser und es entsteht Sirup. Alle Sirupsorten enthalten einen hohen Mineralstoffanteil.

HONIG ist eine der natürlichsten Zuckerarten, die wir kennen. Honig setzt sich überwiegend aus Fruchtzucker, Traubenzucker und Wasser zusammen. Zusätzlich enthält Honig noch viele Vitamine, Mineralien, Enzyme, Proteine, Farb- und Aromastoffe, im Gegensatz zu raffiniertem Zucker.

BIRKENZUCKER (XYLIT) sieht aus wie herkömmlicher Haushaltszucker, soll aber nur halb so viel Kalorien haben bei vergleichbarer Süßkraft. Xylit wird nicht aus dem Saft, sondern aus Pflanzenfasern gewonnen, u. a. aus Birken. Das gab ihm seinen Namen. Neben Birken sind auch Buchenholz, Kokosnüsse oder Maiskolben Ausgangssubstanz bei der Gewinnung von Birkenzucker. Meistens wird Birkenzucker zu 90 Prozent aus Maisstärke gewonnen!

ZUCKER-SPAR-TRICKS

- Vermeiden Sie Zucker im Kaffee und Tee.
- Bei Süßverlangen greifen Sie lieber nach Obst statt nach Schokolade.
- Gewürze wie Vanille, Zimt, Anis, Kardamom oder Nelken sorgen für ein süßes Aroma.
- Geben Sie Trockenfrüchte wie Datteln oder Rosinen in kleinen Mengen als natürliche Süße in Müslis, Joghurts oder Obstsalate.
- Meiden Sie Softdrinks und Limonaden.
- Fruchtsäfte immer mit Wasser verdünnen (Mischungsverhältnis 1 Teil Saft : 3 Teile Wasser).
- Weniger Fertiggerichte essen, besser selbst kochen mit frischen Zutaten.
- Bei häufigem Süßverlangen nehmen Sie Bitterstoffe ein. Sie reduzieren den Wunsch nach Süßem. Bitterstoffe sind reichlich enthalten in Löwenzahn, Rukola, Kardamom, Espresso u. v. a. m.

VORBEUGEN IST BESSER ALS LINDERN

Stille Entzündungen heißen so, weil sie lange Zeit unentdeckt im Körperinneren schwelen. Wenn wir keine Schmerzen haben, wenn uns nichts belastet, erscheint eine Behandlung nicht notwendig. Dennoch existieren sie, und sie richten sogar großen Schaden an. Dass es erst gar nicht so weit kommt, können wir maßgeblich beeinflussen – über die Ernährung.

In unserem Körper entsteht immer dann eine Entzündung, wenn ungebetene Gäste wie z. B. Bakterien oder Viren in den Körper eindringen oder wenn äußere Verletzungen den Körper schwächen. Ein ausgeklügeltes Alarmsystem – Immunsystem genannt – setzt in diesen Fällen Entzündungsprozesse in Gang. Dabei werden Abwehrkräfte mobilisiert, die die feindlichen Eindringlinge bekämpfen und beseitigen. Sobald der Angriff überstanden ist und sich die Abwehrkräfte zurückziehen, ebbt die Entzündung in der Regel wieder ab.

Der fein abgestimmte Mechanismus ist genial, und dennoch kann es passieren, dass Entzündungsprozesse nicht restlos abklingen wollen. Dann fügen sie dem Körper auf Dauer Schaden zu. Heute weiß man, dass heimliche bzw. stille Entzündungen nicht nur durch Fremdkörper oder Verletzungen entstehen, sondern dass auch die Ernährung, mangelnde Bewegung, Dauerstress oder Schlafdefizite dazu beitragen können, dass Entzündungen entstehen, die häufig nur schwer zu behandeln sind. Am besten, man beugt rechtzeitig vor!

Die Heilkraft der täglichen Ernährung

Treten stille, unbemerkt verlaufende Entzündungen auf, ist das komplexe Zusammenspiel zwischen Entzündungsauslöser, -aktivierer und -hemmer gestört. Der Ernährung wird mehr und mehr Aufmerksamkeit gewidmet, da wir über das Essen sowohl Entzündungen befeuern, als auch lindern können. Es gilt, Lebensmittel geschickt auszuwählen und zu kombinieren.

Leider tragen die Lebensmittel, die wir ohnehin zu viel verzehren, wie z. B. Fertigprodukte, raffinierter Zucker, Weißmehl, tierisches Eiweiß und ungünstige gesättigte Fettsäuren oder Transfettsäuren, zur Entstehung von Entzündungen bei und heizen sie an. Wir gießen also Öl ins Feuer!

Den besten Entzündungsschutz bietet eine überwiegend basische Ernährung. Sie setzt sich zusammen aus einem großen Anteil Gemüse und ist reich an antioxidativen Vitalstoffen, wie die Vitamine A, C und E, und liefert viel Magnesium, Kupfer, Selen, Zink und Omega-3-Fettsäuren.

Kaufen Sie Obst und Gemüse wenn möglich frisch vom Erzeuger. Sie sind die Basiszutaten einer Anti-Entzündungs-Ernährung.

Von Kohlenhydraten und Gluten

Raffinierter Zucker und Auszugsmehl – die sogenannten kurzkettigen Kohlenhydrate – stehen auf der Liste der entzündungsfördernden Lebensmittel ganz weit oben. Sie sorgen für einen hohen Anstieg des Blutzuckerspiegels und sind verantwortlich für einen permanent hohen Insulinspiegel im Körper. Ein erhöhter Insulinspiegel lässt die Nahrungsenergie leichter zu Fettreserven werden, so dass das Körpergewicht stetig ansteigt.

Außerdem liefern diese Lebensmittel mit leicht verdaulichen, kurzkettigen Kohlenhydraten meist keine Vitalstoffe, es sind sozusagen »leere« Kohlenhydrate. Der Körper tut sich schwer, sie zu verstoffwechseln, weil Vitamine und Mineralstoffe, die für ihre Verstoffwechselung jedoch benötigt werden, nicht gleichzeitig mitgeliefert werden.

Zu guter Letzt stellt auch das Klebereiweiß Gluten aus Getreide wie Weizen, Roggen, Gerste oder Dinkel ein Problem für den Darm dar. Untersuchungen haben gezeigt, dass sich Gluten auf lange Sicht gesehen ungünstig auf die Darmflora auswirken kann.

Glutenfreie Pseudogetreide, wie Amaranth, Quinoa, Hirse oder Buchweizen, sind in moderaten Mengen empfehlenswerte Alternativen. Auch glutenfreier Hafer unterstützt mit den Beta-Glukanen das Immunsystem und kann ebenso vor heimlichen Entzündungen schützen.

Entzündungsschutz vom Feinsten

Reichlich entzündungshemmende Nährstoffe liefern Obst, Gemüse und Kräuter. Auch wenn Obst für seine süßen Kohlenhydrate bekannt ist, sind es die sekundären Pflanzenstoffe, die ihm einen Stammplatz auf der Liste gesunder Lebensmittel sichern. Speziell Ananas, Heidelbeeren, Granatäpfel, Papayas sowie Brokkoli, Knoblauch, Spinat, Tomaten, Kohl und Zwiebeln strotzen nur so vor Entzündungsschützern.

Ätherische Öle von Kräutern und Gewürzen machen sie zu antientzündlichen Boostern – allen voran Bärlauch, Dill, Kamille, Koriander, Rosmarin, Salbei, Ingwer, Kurkuma, Thymian und Zimt.

In meinen beiden Büchern »Heimliche Entzündungen« und »Heimliche Entzündungen – Das Kochbuch« finden Sie ausführliche Beschreibungen der einzelnen Inhaltsstoffe sowie eine Übersicht über viele dieser Lebensmittel mit besonderem Entzündungsschutz. In dem vorliegenden Buch stelle ich die folgenden Lebensmittel genauer vor und erkläre, warum gerade sie zu den »Anti-Entzündungs-Boostern« zählen: Dill, Kamille, Rosmarin, Holunder, Sanddorn, Papaya, Grünkohl, Sellerie, Tomaten sowie grüner Tee. Eine große Übersicht über die Lebensmittel mit dem meisten Entzündungsschutz finden Sie auch auf den Seiten 46 bis 48 in diesem Buch.

Sind Pflanzenöle gesund?

Trotz steter Aufklärung genießt Fett – zu Unrecht – einen schlechten Ruf. Nach wie vor hält sich die Mär, Fett nur mit Vorsicht zu genießen und möglichst sparsam zu verwenden. Recht allgemein gesprochen trifft das auf die meisten gesättigten, tierischen Fette auch zu.

Bei den Pflanzenölen sieht es etwas anders aus: Sie genießen in der Regel einen guten Ruf. Dennoch ist es wichtig, beim Öl auf das richtige Verhältnis von Omega-3- zu Omega-6-Fettsäuren zu achten. Denn Omega-6-Fettsäuren können entzündungsfördernd wirken. Ihre Gegenspieler, die Omega-3-Fettsäuren, können schmerzhafte Entzündungen hemmen.

Beide Fettsäuregruppen konkurrieren im Organismus um die gleichen Enzyme – beide gleichzeitig zu verstoffwechseln schafft unser Körper nicht. So ist es nicht nur wichtig, genügend Omega-3-Fettsäuren aufzunehmen, sondern gleichzeitig auch die Aufnahme von Omega-6-Fettsäuren zu reduzieren.

WELCHES ÖL SCHÜTZT AM BESTEN?

Allgemein gesprochen gelten kalt gepresste pflanzliche Öle als gesund. Doch man muss genauer hinsehen! Bei einer antientzündlichen Ernährung ist es ausschlaggebend, welche einzelnen Fettsäuren das jeweilige Öl enthält.

SCHÜTZT VOR ENTZÜNDUNGEN Zu einer gesunden Ernährung mit hohem Entzündungsschutz zählen Hanf-, Lein-, Walnuss- und Rapsöl aufgrund des hohen Anteils an Omega-3-Fettsäuren.

Bei Oliven-, Schwarzkümmel- oder Borretschöl sind nicht nur die Fettsäuren ausschlaggebend, sondern vor allem die Polyphenole, die das antientzündliche Potenzial haben. Übrigens begünstigen nicht alle gesättigten Fettsäuren Entzündungen! Kokosöl zum Beispiel, das vor allem aus gesättigten Fettsäuren besteht, wirkt aufgrund seiner Laurinsäure entzündungshemmend.

HEIZT ENTZÜNDUNGEN AN Maiskeim-, Sonnenblumen-, Traubenkern-, Weizenkeimöl u.v.m. enthalten reichlich Omega-6-Fettsäuren und sollten in einer antientzündlichen Ernährung eine untergeordnete Rolle spielen.

Gutes und schlechtes Eiweiß

Für ein intaktes Immunsystem ist Eiweiß unerlässlich. Nur wenn wir ausreichend versorgt sind, kann die Körperabwehr optimal arbeiten.

Tierische und pflanzliche Lebensmittel liefern reichlich Eiweiß. Ein gravierender Eiweißmangel kommt selten vor bei uns. Doch Eiweiß ist nicht gleich Eiweiß. Verschiedene Untersuchungen zeigen, dass sich pflanzliches Eiweiß aus Hülsenfrüchten, Pilzen, Nüssen oder Samen günstiger auf die Gesundheit auswirkt als tierisches. Außerdem nehmen wir mit tierischen Produkten auch Stoffe zu uns, die bei hohem Genuss die Gesundheit belasten, wie z.B. gesättigte Fettsäuren oder Hormone.

Vorsicht bei rotem Fleisch

Fleisch von Masttieren, die überwiegend Kraftfutter bekamen, enthält z.B. mehr entzündungsfördernde Arachidonsäure als Wildfleisch oder Fleisch von artgerecht gehaltenen Tieren. Insbesondere rotes Fleisch (Rind, Schwein oder Lamm) sollte bei chronischen Entzündungen weitgehend gemieden werden. Studien zeigen, dass es, neben einem hohen Anteil an Arachidonsäure, auch ein Kohlenhydrat (Neu5Gc) enthält, das sich bei häufigem Fleischkonsum im Laufe der Jahre im Gewebe ablagert und vom Immunsystem als körperfremd attackiert wird. Unser Körper bildet Antikörper, die sich an Neu5Gc anlagern und chronische Entzündungen auslösen können bzw. bestehenden Entzündungen zusätzlich »Zündstoff« liefern. Helles Fleisch (Geflügel oder Fisch) dagegen enthält kein Neu5Gc und nur wenig Arachidonsäure, daher ist es – wenn man Fleisch essen möchte – bei chronischen Entzündungen zu bevorzugen.

Rotes Fleisch von Rind oder Lamm fördert chronische Entzündungen.

Milch, Eier und Fisch

Für Milchprodukte und Eier gilt: Je natürlicher die Haltungsform, desto geringer der Gehalt an entzündungsfördernden Stoffen. Achten Sie beim Eierkauf auf den Stempelaufdruck, er gibt Haltungsart und Herkunft an. Die Ziffer 0 steht für ökologische bzw. Bio-Eier, die Ziffer 1 für Freiland-, die Ziffer 2 für Bodenhaltung. Ebenso wird das Herkunftsland aufgedruckt, z.B. DE für Deutschland, NL für Niederlande usw. Zu empfehlen sind Bio-Eier aus Deutschland.

Fisch, insbesondere Seefisch wie Lachs, Hering oder Thunfisch, zeichnet sich neben seinem hohen Eiweißgehalt durch die hohe Konzentration an entzündungshemmenden Omega-3-Fettsäuren aus. Verzehren Sie diese Fischsorten regelmäßig.

Fit mit Vitalstoffen

Kennen Sie das? Triefende Nase, leichtes Kratzen im Hals, die ersten Anzeichen einer Erkältung und plötzlich fallen einem alle wohlgemeinten Ratschläge ein – »du brauchst mehr Vitamin C«, »nimm Zink«, »zieh warme Wollsocken an« …

Diese fürsorglichen Tipps kommen nicht von ungefähr. Zahlreiche Studien belegen, dass besonders die Vitamine A, C, E und Beta-Carotin, aber auch die Spurenelemente Zink, Eisen und Selen sowie die sekundären Pflanzenstoffe unerlässlich sind für ein aktives und starkes Immunsystem. Daher lautet auch eine der Empfehlungen von führenden Ernährungsinstituten »5 am Tag«. Das bedeutet, täglich 5 Portionen Obst und Gemüse zu essen, damit der Körper ausreichend mit allen lebenswichtigen Vitalstoffen versorgt wird.

All diese Vitamine, Mineralien und anderen kleinen Verbindungen, alle zusammen auch Mikronährstoffe genannt, aktivieren die Immunzellen, sie regen die Bildung von Antikörpern an und haben Einfluss auf die Produktion der natürlichen Killerzellen – sie sind unerlässlich für eine gut funktionierende Körperabwehr.

Die Vitamine

Nicht alle Vitalstoffe lassen sich über Obst und Gemüse decken, auch tierische Lebensmittel können zur Versorgung beitragen. Fisch, Fleisch, Nüsse und Öle liefern mehr fettlösliche Vitamine A und E, die – in Verbindung mit den B-Vitaminen – wichtig sind für Aufbau und Schutz der Schleimhäute. Intakte Schleimhäute, z. B. im Mund oder im Darm, sind wichtige Immunbarrieren und erschweren Krankheitserregern den Zutritt in den Körper. Darüber hinaus schützen die Vitamine A und E zusammen mit Vitamin C die Zellen vor oxidativem Stress. Auch Vitamin D – das Sonnenhormon – findet man nicht unbedingt in Obst und Gemüse, sondern eher in Fisch und Eiern. Es ist ein Vitamin, das mithilfe von ausreichender Sonnenstrahlung und Cholesterin im Körper selbst produziert wird. Einst dachte man, Vitamin D spiele nur eine Rolle für Aufbau und Stärkung der Knochen. Mittlerweile weiß man, dass es noch weitere Aufgaben im Körper übernimmt. Das Sonnenvitamin kann Immunzellen aktivieren und regulierend in Entzündungsprozesse eingreifen. Es spielt folglich eine große Rolle in der Vorbeugung chronischer Entzündungen.

VIELE VITAMINE

VITAMIN A UND DIE VORSTUFE BETA-CAROTIN stecken in Leber, Milchprodukten, Eiern, Karotten, Paprika (rot), Tomaten, Spinat, Grünkohl, Süßkartoffeln

VITAMIN-D-REICH sind Seefisch, Eier, Milch, Butter, Pilze (Austernpilze, Champignons), Avocados

VITAMIN E liefern Nüsse (Walnüsse), Mandeln, Sonnenblumenkerne, kalt gepresste Pflanzenöle (Sonnenblumen-, Oliven-, Maiskeim-, Weizenkeimöl), Butter

VITAMIN C ist enthalten in Zitronen, Sanddorn, Acerolakirschen, schwarzen Johannisbeeren, Hagebutten, Petersilie, Brokkoli, Papayas, Paprika

VIELE MINERALIEN UND SPURENELEMENTE

ZINK steckt in Austern, Garnelen, Hülsenfrüchten, Vollkornprodukten, Quinoa, Käse, Sonnenblumenkernen, Walnüssen, Rindfleisch

SELEN ist in Paranüssen, Blaukraut, Spargel, Kohlrabi, Sonnenblumenkernen, Lachs, Geflügel, Käse, Eiern enthalten

EISEN liefern Fleisch, Hirse, Hülsenfrüchte (weiße Bohnen, Erbsen), Brennnesseln, Spinat, Schwarzwurzeln

Mineralstoffe und Spurenelemente

Für ein starkes und funktionstüchtiges Immunsystem sind neben Vitaminen auch Spurenelemente, insbesondere Zink, Eisen und Selen notwendig. Vor allem Zink und Selen sind an zahlreichen Stoffwechselreaktionen beteiligt. Zink wird darüber hinaus benötigt, um bei Bedarf vermehrt Abwehrzellen zu produzieren. Zudem unterstützt es die Abwehrzellen bei der Vernichtung von Angreifern. Da der Körper keine Zink- und Selenspeicher besitzt, ist eine regelmäßige Zufuhr unabdingbar. Daher ist es sinnvoll, Fisch, Fleisch, Nüsse, Käse und Vollkornprodukte regelmäßig in den Speiseplan einzubauen.

Das Spurenelement Eisen transportiert den lebenswichtigen Sauerstoff in alle Zellen, auch in die Immunzellen. Bei Eisenmangel wird die Abwehrkraft geschwächt, da die Makrophagen (Fresszellen) weniger aktiv sind und der Körper weniger Lymphozyten (bestimmte Abwehrzellen) und Antikörper bilden kann.

Kräutertee und Wasser helfen beim Entsäuern

Das »A und O« für die Gesunderhaltung des Körpers ist – neben einer gesunden Ernährung und schonenden Zubereitung der wertvollen Zutaten – auch darauf zu achten, ausreichend zu trinken.

Empfehlenswert sind insbesondere Wasser und Kräutertees. Wasser ist das Lebensmittel Nummer 1, denn es ist der Treibstoff des Organismus. Alle Körperfunktionen sind von ausreichender Flüssigkeitszufuhr abhängig. Der Mensch kann wochenlang ohne zu essen überleben, aber ohne Flüssigkeit hält er es nur wenige Tage durch.

Die Erklärung hierfür scheint einleuchtend und logisch zugleich: Denn die im Stoffwechsel anfallenden »Abfallprodukte« müssen von den Zellen über das Blut, das zu 90 Prozent aus Wasser besteht, zu Nieren oder Leber transportiert werden. Dort werden sie entgiftet bzw. ausgeschieden. Damit dieser Reinigungsprozess im Organismus reibungslos vonstatten gehen kann, muss der Körper mit einer ausreichenden Menge an Wasser versorgt werden.

Außerdem sorgt der Wasseranteil im Blut dafür, dass Sauerstoff, Nähr- und Botenstoffe zügig an ihren Bestimmungsort gelangen.

Wasser ist nicht jedermanns Geschmack und wird häufig als langweilig und geschmacklos empfunden. Daher greift man schnell zu Softdrinks, Limonaden, Kaffee oder Alkohol. Das sind jedoch Getränke, mit denen der Flüssigkeitsbedarf nicht annähernd gedeckt werden kann. Diese Flüssigkeiten sind aufgrund ihrer Inhaltsstoffe hoch konzentriert und entziehen dem Körper unter Umständen sogar noch zusätzlich Wasser und wertvolle Mineralien.

Wasser muss jedoch nicht »langweilig« schmecken. Peppen Sie Ihr Wasser mit Minzeblättchen, Ingwerscheiben oder Zitronenstücken auf – das schmeckt gut, und gleichzeitig nehmen Sie die entzündungshemmenden Wirkstoffe von Ingwer oder Zitronen auf.

Abgekochtes Wasser ist besser

Viele Menschen schwören auf Wasser, das, wie in der ayurvedischen Medizin, zehn Minuten lang gekocht und dann lauwarm getrunken wird – als sogenannter »ayurvedischer Sekt«. Für viele ist dieses Wasser bekömmlicher. Denn beim Kochen werden die Wassermoleküle aus ihrem Clusterverband gelöst und auseinandergerissen, sodass sie sich nicht mehr gegenseitig anziehen können. Die einzelnen Moleküle können nun gelöste Stoffe besser aufnehmen und abtransportieren.

Trinken Sie jeden Morgen nach dem Aufstehen ein großes Glas abgekochtes Wasser.

Tee ist gesund und entgiftet

Tee hat viele wohltuende Wirkungen. Das in Mate, schwarzem oder grünem Tee enthaltene Koffein regt an und bringt Energie zurück. Bestimmte Kräutertees (z. B. Lavendel-, Melissen- oder Hopfenblütentee) hingegen wirken beruhigend und helfen beim Einschlafen. Darüber hinaus wirken sich Kräutertees positiv auf den Säure-Basen-Haushalt aus und unterstützen Entgiftungs- und Entschlackungsprozesse.

Grüner Tee enthält z. B. neben seinem angenehmen guten Geschmack eine Vielzahl wertvoller Inhaltsstoffe, die das Wohlbefinden fördern. Es sind vor allem die sekundären Pflanzenstoffe in Form von Catechinen, die antioxidativ wirken, die Körperzellen vor freien Radikalen schützen und bei der Entgiftung des Körpers eine entscheidende Rolle übernehmen. Damit unterstützen sie auf tatkräftige Art, den Körper vor chronischen Entzündungen zu schützen.

Bewegung und Entspannung

Damit es erst gar nicht zu heimlichen, chronischen Entzündungen kommt, muss an dieser Stelle auch auf die Bewegung, aber in gleichem Maße auch auf die Entspannung eingegangen werden. Aktivität und Erholung sind beide ein Garant für ein gesundes Immunsystem.

Bewegung stimuliert Heilkräfte

Moderat ausgeübter Ausdauersport, lange Spaziergänge – bei jedem Wetter – und gemütliche Radtouren sind ideal. Mit Bewegung trainieren wir nicht nur unsere Kondition, sondern helfen auch dem Körper, die inneren Heilkräfte zu stimulieren. Durchblutung und Sauerstoffversorgung in den Zellen werden angeregt und verbessern sich. Wer Ausdauersport betreibt, kann leichter abnehmen bzw. sein Wohlfühlgewicht halten. Ausdauersport ist auch in Bezug auf die Reduzierung erhöhter Blutdruckwerte ein echter Joker. Denn in Bewegung produzieren die Muskeln gesundheitsfördernde Botenstoffe, die sogenannten Myokine, die eine hohe entzündungshemmende Wirkung haben.

Auch auf seelischer Ebene ist die regelmäßige Bewegung, egal für welche Art Sie sich entscheiden, ein Labsal für die Psyche. Nach etwa 30 Minuten Sport werden vom Körper Serotonin und Endorphine ausgeschüttet – Glückshormone, die laut Studien Stress, Stimmungsschwankungen, Ängstlichkeit und Depressionen erfolgreich lindern können.

Starkes Immunsystem durch Entspannung

Wer nicht im Sport seine Erfüllung findet, weil es ihm vielleicht schwerfällt, seinen inneren Schweinehund zu überwinden, für den ist die Entspannung das ideale Mittel, um Stress abzubauen und wieder besser ins Gleichgewicht zu kommen. Leichter gesagt als getan? Nun, es muss nicht gleich ein Wellnessurlaub sein! Sich jeden Tag eine kleine Auszeit zu nehmen, kann schon Wunder bewirken. Einfache Entspannungsübungen, kleine Meditationen oder ein Entspannungsbad mit Lieblingsmusik können ungemein erden. Einfach nur auf dem Sofa zu sitzen und fernzusehen – damit ist es leider nicht getan. Entspannung kann man nicht per Fernbedienung ein- oder ausschalten. Auch diese Entspannungsmomente muss man aktiv in den Alltag integrieren.

Neben der Entspannung spielen auch die innere Haltung, die eigene Einstellung und unsere Stimmung eine wichtige Rolle für ein intaktes Abwehrsystem. Durch Fröhlichkeit, eine optimistische Haltung oder herzhaftes Lachen kann ebenfalls die Bildung von Immunzellen angeregt werden.

SO FINDEN SIE ENTSPANNUNG

1. Trinken Sie hin und wieder eine Tasse Tee, der Hopfen, Baldrian, Hafer, Passionsblume oder Zitronenmelisse enthält. Diese Pflanzen wirken beruhigend.
2. Wenn Sie lange am Schreibtisch sitzen: Strecken Sie zwischendurch immer mal wieder Arme, Oberkörper und Beine so richtig durch. Das lockert die Muskulatur und löst Verspannungen.
3. Ätherische Öle können zur Entspannung beitragen. Einige Tropfen Lavendel- oder Eukalyptusöl auf ein Taschentuch geben und tief einatmen.
4. Legen Sie immer mal wieder kleinere Pausen ein – egal, was Sie tun.

ENTZÜNDUNGSSCHUTZ AUS DER NATUR

Wenn's wehtut, greifen wir oft zum nächst besten Medikament. Oft wissen wir nicht, welchen Wirkstoff wir einnehmen, von Nebenwirkungen ganz zu schweigen. Aber Hand aufs Herz – wir wollen es gar nicht wissen, Hauptsache es hilft! Dabei liegen die wahren Gesundmacher in der Natur!

Nur allzu gerne sind wir bereit, teure Nahrungsergänzungsmittel einzunehmen, die vermeintlich wertvolle, aber isolierte Wirkstoffe aus auserwählten Lebensmitteln liefern: Curcumin aus Kurkuma, Resveratrol aus Traubenkernen oder DHA (Omega-3-Fettsäuren) aus Algen oder Fischöl, um nur einige zu nennen. Sie sollen zu mehr Wohlbefinden führen, das Immunsystem stärken und gegen Entzündungen wirken.

Dagegen liefert die Natur Lebensmittel mit einer Fülle an Wirkstoffen, wie z. B. Antioxidanzien, ätherische Öle oder Omega-3-Fettsäuren, die – eingebettet in den natürlichen Nahrungsverbund – in ihrer Zusammensetzung und Konzentration so vorkommen, dass wir ihr gesundheitliches Potenzial optimal nutzen können.

Insbesondere Kräuter und Gewürze beeindrucken mit ihrem Nährstoffreichtum. Kein Wunder, dass bereits in der Antike um Kräuter und Gewürze viele Kriege ausgetragen wurden, und auf der Suche nach ihnen sind neue Länder entdeckt worden. Aber warum sollte man sich wegen Kräutern und Gewürzen bekriegen? Was macht sie so wertvoll? Sie enthalten sogenannte Phytonährstoffe. Das sind sekundäre Pflanzenstoffe oder ätherische Öle, die außerordentlich gesund sind. Auch der hohe Anteil an Antioxidanzien, die sehr effektiv gefährliche freie Radikale im Organismus bekämpfen, macht die würzenden Zutaten so wertvoll. Freie Radikale, die durch Stress, ungesunde Ernährung, Umweltgifte, Nikotin oder Alkohol entstehen, können an Zellen Schäden anrichten und schwere Krankheiten wie z. B. Krebs verursachen.

Auch bei entzündlichen Prozessen und zur Unterstützung des Immunsystems spielen Kräuter und Gewürze eine ganz entscheidende Rolle. In ihnen stecken natürliche, aktive Wirkstoffe, die der Organismus dringend benötigt. In meinen Büchern »Heimliche Entzündungen« und »Heimliche Entzündungen – Das Kochbuch« habe ich viele dieser Gewürze und Kräuter und deren Wirkung vorgestellt. Neben den Gewürzen, wie z. B. Ingwer, Kurkuma, Zimt und Chili, sind auch Kräuter wie Basilikum, Brennnessel, Thymian oder Salbei zu nennen. Sie alle stecken voller Heilstoffe. Im Folgenden finden Sie einige wirksame Helfer im Kampf gegen chronische Entzündungen. Es sind Pflanzen und Lebensmittel, die überall problemlos erhältlich sind.

Dill – das würzige Heilkraut

Im Altertum galt Dill genauso wie Fenchel, Anis und Kümmel wegen seiner beruhigenden und entkrampfenden Wirkung als eine der wichtigsten Heilpflanzen. Im Mittelalter durfte Dill in keinem Klostergarten fehlen und wurde gegen Appetitlosigkeit und bei Verdauungsbeschwerden empfohlen. Wegen der Vielzahl an Inhaltsstoffen wird Dill daher bei unterschiedlichsten Beschwerden eingesetzt. Die ätherischen Öle aktivieren die Produktion der Verdauungssäfte, stimulieren die Darmperistaltik und fördern die Entgiftung über Leber und Darm. Außerdem kann Dill für einen guten Schlaf sorgen, denn die im Dill enthaltenen ätherischen Öle Limonen und Carvon regen im Zusammenspiel mit Flavonoiden und B-Vitaminen bestimmte Enzyme und Hormone an, die eine beruhigende Wirkung auf den Körper haben.

Darüber hinaus können die ätherischen Öle bei grippalen Infekten und Bronchitis entzündungshemmend und schleimlösend wirken. Carvon und Limonen gehören zur Gruppe der Terpene, die, wie Studien belegen, über krebshemmende Eigenschaften verfügen. Ebenso ist Dill eine hilfreiche Unterstützung bei Leber- und Gallenwegserkrankungen. Neben den ätherischen Ölen zeichnet sich das Kraut durch reichlich B-Vitamine, Vitamine A, C und E sowie Kalium, Zink und Magnesium aus. Damit kräftigt Dill das Immunsystem.

Verwendung in der Küche

Dill, auch Gurkenkraut genannt, hat einen fein-würzigen Geschmack – zunächst süßlich, dann leicht herb. Sein Aroma ist sehr zart, das mit keinem anderen Kraut vergleichbar ist. Verantwortlich hierfür ist ein stark duftendes ätherisches Öl, das in allen Teilen der Pflanze vorkommt, besonders aber in den Dillspitzen sitzt.

Fein geschnitten gibt man Dill gerne in Salatdressings – besonders für Gurkensalat. Auch in Quark, Eier- und Pilzgerichten sowie zum Fisch schmeckt er gut. Beim Einlegen von Gurken und Mixed Pickles darf Dill nicht fehlen, ebenso verleiht er Kräuteressig ein wunderbares Aroma. Dill sollte nicht gekocht werden, da er sonst sein typisches Aroma verliert. Verwenden Sie ihn großzügig!

REZEPT

DILL-TEE

5 Gramm frisches Dillkraut oder Dillsamen mit einem Mörser zerreiben. Mit 200 ml kochendem Wasser übergießen. Den Tee zugedeckt 5 – 8 Minuten ziehen lassen, dann abseihen.

TIPP Eine Tasse Dill-Tee nach den Mahlzeiten kann Verdauungsbeschwerden lindern und bei entzündeten Bronchien oder grippalem Infekt helfen.

Kamille – nicht nur bei Erkältungen!

Die in ganz Europa verbreitete Echte Kamille ist der Star unter den Heilpflanzen. Wegen ihrer vielseitigen Verwendung ist sie wohl in jedem Haushalt bekannt. Kamillenzubereitungen wirken entzündungshemmend und beruhigend und kräftigen nach schweren Krankheiten. Kamille hilft bei Magenbeschwerden, Koliken, Blähungen und Erkältungen und reinigt Leber und Nieren.

Kamillentee gilt als gut verträglich und kann auch Säuglingen und kleinen Kindern gegeben werden. Da die Kamille zu den besten Wundheilmitteln zählt, ist sie äußerlich zur Behandlung von schlecht heilenden Wunden, Hautausschlägen, Wundstellen oder für Mund- und Augenspülungen bestens geeignet.

Kamillentee zählt zu den Heilkräuter-Tees. Wegen seiner intensiven Wirkung sollte er daher nur akut bei Beschwerden getrunken werden und ist nicht als Dauergetränk zu empfehlen.

Blütenernte

Kamille findet man häufig auf Äckern, Feldern und Wiesen. Beim Sammeln ist darauf zu achten, nur unbehandelte, nicht von Schadstoffen belastete Blüten auszuwählen. Um eine Verwechslung mit der Hundskamille auszuschließen, sollte der Köpfchenboden geöffnet werden. Dieser ist bei der Echten Kamille hohl, bei der Hundskamille gefüllt. Die bei schönem Wetter geernteten Blütenkörbe werden schonend bei höchstens 30 °C in einem warmen Raum getrocknet.

Alternativ können Sie Echte Kamillenblüten auch in der Apotheke oder beim guten Kräuter- und Teehändler beziehen.

REZEPT

KAMILLEN-TINKTUR

Die Tinktur kann zur inneren Anwendung in Tee oder Wasser gegeben werden (2–3-mal täglich 10 bis 50 Tropfen). Zur äußerlichen Anwendung für Einreibungen und Umschläge am besten verdünnt nehmen.

Ein Glas mit Schraubverschluss zu drei Viertel mit frischen Kamillenblüten füllen, mit Korn (38 vol%) auffüllen. Das Glas etwa 4 Wochen an einem dunklen, warmen Ort stehen lassen, abseihen. Die Tinktur in einem dunklen Glas aufbewahren.

Rosmarin – für bessere Denkleistung!

Rosmarin fand als Heilkraut bereits in der Antike Verwendung, insbesondere bei Verdauungsbeschwerden. Als Bestandteil von Massageölen zur Steigerung der Durchblutung und zur Muskelentspannung wird es heute ebenfalls gerne eingesetzt.

Die Inhaltsstoffe des Rosmarins sind vielfältig, vor allem die Wirkstoffe Cineol, Carnosol, Rosmanol und die Rosmarinsäuren werden wegen ihrer schmerzlindernden und entzündungshemmenden Wirkung sehr geschätzt.

Auch auf das Gehirn hat Rosmarin eine gute Wirkung: Der Überlieferung nach hatten Studenten im antiken Griechenland bei Prüfungen immer ein Rosmarinbüschel im Haar, denn die ätherischen Öle des Rosmarins sollten das Erinnerungsvermögen und die Denkleistung erhöhen. Tatsächlich weiß man heute aus zahlreichen Studien, dass der Verzehr der ätherischen Öle das Absterben von Neuronen (Nervenzellen) hemmen. Auch auf die Krankheitsbilder Alzheimer und Parkinson sollen die ätherischen Öle eine positive Wirkung haben.

Weitere Untersuchungen haben gezeigt, das Cineol in der Lage ist, das Stresshormon Cortisol zu senken. Das ist der Grund dafür, warum das Kraut als Entspannungshelfer bekannt geworden ist.

REZEPT

ROSMARIN-TINKTUR

Die Tinktur hilft besonders bei fettiger Haut. Abends nach dem Waschen die Tinktur auf die Haut auftragen und über Nacht einwirken lassen.

250 ml Wasser, 1 TL Bio-Rosmarin (gehackt, frisch oder getrocknet) und die klein geschnittene Schale von 1 Bio-Orange zum Kochen bringen. 15 Minuten ziehen lassen, abseihen. Tinktur in eine dunkle, gut verschließbare Glasflasche füllen, kühl lagern.

TIPP Testen Sie zuvor Ihre Hautverträglichkeit: Unverdünnte Tinktur in der Ellenbogenbeuge auftragen. Wenn sich innerhalb einer Stunde keine Hautirritationen zeigen, ist die unverdünnte Verwendung möglich. Ansonsten 3–4 Tropfen mit 2 EL Olivenöl mischen.

Rosmarin wirkt außerdem antioxidativ und gilt als natürliches Antibiotikum gegen Bakterien, Hefen und Schimmelpilzsporen. Die stimulierende Wirkung der ätherischen Rosmarinöle verbessern nicht nur die Durchblutung, sondern stärken auch das Immunsystem. Die Kombination aus guter Durchblutung und Stärkung des Immunsystems lindert Entzündungen und Schmerzen bei Arthrose, Gicht oder Rheuma.

Küchenpraxis

Die ätherischen Öle des Rosmarins verleihen ihm ein sehr starkes Aroma, daher sollte man Speisen vorsichtig damit würzen. Am besten verwendet man beim Garen ein ganzes Zweiglein zum Aromatisieren der Speisen. Das lässt sich später besser entfernen als die einzelnen Nadeln.

Rosmarin passt wegen seines würzig-bitteren, aromatischen Geschmacks sehr gut zu Fleischgerichten (insbesondere Wild und Lamm), Kartoffeln, Fisch sowie zu Suppen und Saucen. In Kombination mit Knoblauch, Olivenöl und Wein erhalten Speisen eine typisch mediterrane Note. Ebenso verleiht der herbe Geschmack verschiedensten Marinaden einen ganz besonderes Aroma.

Kraftpaket Holunder

Wussten Sie, dass Holunder (Sambucus nigra) in unseren Breiten lange Zeit unter dem Namen »Flieder« bekannt war, bis im 16. Jahrhundert der Echte Flieder (Syringa vulgaris) aus Vorderasien nach Europa kam?

Beerensaft und Blätter von Holunder sind seit jeher ein bewährtes Heilmittel.

Der Schwarze Holunder gehört in unserem Kulturkreis zu den uralten und hoch geschätzten Heilpflanzen. Oft wurde er als »Apotheke der Bauern« bezeichnet, da er ihnen als »Medizin vor der Haustür« diente. In der Naturheilkunde werden alle Teile des Holunders zu Heilzwecken verwendet.

Die reifen, tintenschwarzen Holunderbeeren dürfen nicht roh verzehrt werden, da sie durch die enthaltenen Blausäureglykoside leicht giftig sind und Durchfall und Erbrechen hervorrufen. Gekochte und zu Saft gepresste Holunderbeeren entfalten jedoch ihren Reichtum an den Vitaminen A, B und C. Außerdem liefern die Beeren reichlich Flavonoide, die die Wände der Kapillaren, der kleinsten Blutgefäße im Körper, stärken. Holunderbeeren fördern damit die Durchblutung. Außerdem wirken sie antioxidativ und entzündungshemmend. Ihr Gehalt an Selen, das Schwermetalle bindet, gilt als der höchste aller Früchte.

Die blau-schwarzen Beeren dienen außerdem als Farbstoff für natürlich gefärbte Lebensmittel, Kosmetika und Leder.

HEILREZEPTE AUS HOLUNDER

HOLUNDERBLÜTEN-TEE GEGEN ERKÄLTUNG

Holunderblüten in voller Blüte pflücken (meist im Juni) und auf einem Tuch ausgebreitet trocknen lassen. In einer Dose aufbewahren. Für eine Schwitzkur von dem Tee zweimal täglich eine Tasse trinken.

2 gehäufte TL getrocknete Holunderblüten mit ¼ Liter kochendem Wasser übergießen. Den Sud 10 Minuten ziehen lassen und abseihen. Den Tee möglichst sehr warm trinken und sich danach gut zudecken.

HOLUNDERBLÄTTER-TEE GEGEN ENTZÜNDUNGEN

Holunderblätter erntet man von April bis Juni. Die Blätter locker auf einem Tuch oder Backblech ausbreiten und an einem geschützten, schattigen Platz trocknen lassen (Trocknungszeit: ca. 1 Tag). Holunderblätter sind nicht für den frischen Verzehr geeignet! Sie müssen stets getrocknet oder gut erhitzt werden, weil sie das giftige Sambunigrin enthalten, das Übelkeit und Magenkrämpfe auslösen kann. Durch Trocknen und Erhitzen wird es jedoch zerstört.

Sie können getrocknete Blätter auch in der Apotheke oder bei einem Kräuterhandel im Internet kaufen.

2 gestrichene TL getrocknete Holunderblätter in ¼ Liter kaltem Wasser ansetzen. Den Sud zum Sieden bringen und sofort durch ein Sieb geben. Den Tee schluckweise über den Tag verteilt trinken.

TIPP **Auch ein Tee aus Linden- und Mädesüßblüten ist in der Erkältungszeit eine gute Vorbeugung. Der Tee wirkt schweißtreibend, entzündungshemmend und schmerzlindernd. Er reduziert Wasseransammlungen im Gewebe und hilft bei Harnverhalten, müdem Darm und entzündlichen Erkrankungen wie z. B. Rheuma.**

Küchenpraxis

Getrocknete, mit heißem Wasser übergossene Holunderblüten können uns als »Fliedertee« gehörig ins Schwitzen bringen, was einer Erkältung rasch den Garaus machen kann, besonders, wenn wir uns dazu die nötige Bettruhe erlauben. Wer sich für die Erkältungszeit bevorraten möchte, pflückt die weißen Sternendolden des Holunders im Juni, trocknet sie und bereitet beim Anflug einer Erkältung den neben stehenden Tee zu.

Papaya – die Frucht für ein langes Leben

Die Nährstoffkombination der Papayafrucht ist unter den Obstsorten besonders beeindruckend. Sie lindert Entzündungen und Schmerzen, verursacht durch Insektenstiche, gleichermaßen wie Schmerzen und Entzündungen nach Sportverletzungen oder Arthritis. Außerdem können mithilfe der Inhaltsstoffe schädliche Immunkomplexe im Blut, die zu Autoimmunkrankheiten beitragen können, abgebaut werden. Auch beim Abbau von Fibrin und Fibrinogen, die dafür sorgen, dass Blutzellen verklumpen und zu ernsthaften Herz-Kreislauf-Problemen führen können, können Papayas wertvolle Dienste leisten.

Die Ureinwohner Südamerikas bezeichnen die Papaya als die »Frucht für ein langes Leben«. Den Namen »Frucht der Engel« soll Christoph Kolumbus der Papaya gegeben haben, als er die köstliche Baummelone in den Küstengebieten des neu entdeckten Kontinents Amerika kennenlernte.

Die länglich-ovalen Früchte der Papaya mit dem hellorange- bis rosafarbenen Fruchtfleisch sind reich an Biovitalstoffen, insbesondere an den für das Nervensystem wichtigen B-Vitaminen Thiamin, Riboflavin und Niazin, dem Verjüngungs- und Zellvitamin E sowie Vitamin C.

Das in der Papaya reichlich enthaltene Provitamin A – das sie im Übrigen in höherer Konzentration liefert als die Karotte – stärkt das Immunsystem und gilt als wirkungsvolle Krebsprophylaxe. Außerdem enthalten Papayas wertvolle Mineralien wie Eisen, Kalium, Kalzium, Magnesium, Phosphor und Selen in einer vom Körper optimal verwertbaren Verbindung. Ihr hoher Kalziumgehalt macht Papayas vor allem für Frauen zur schmackhaften Osteoporose-Prophylaxe. Kalium ist lebenswichtig für den Herzmuskel, und Magnesium und Selen stärken die Funktion von Nerven und Muskeln. Phosphor ist wichtig für einen geregelten Säure-Basen-Haushalt. Überhaupt ist die Papaya die basenbildendste Frucht, die wir kennen!

Ein wahres Enzymwunder

Papaya sticht durch ihren Enzymreichtum wie Papain, Chymopapain, Lysozym und Lipase besonders hervor. Sie helfen, Eiweiße und Fette besser zu verdauen. Insbesondere Papain spaltet im Magen und Darm die verzehrte Fleischmahlzeit gründlich auf und beschleunigt den Umwandlungsprozess von Eiweiß und Aminosäuren in körpereigenes Material. Das ist besonders für ältere Menschen hilfreich, die nicht mehr so viel Magensäure und Verdauungsenzyme produzieren können und häufiger unter Verdauungsproblemen leiden. Wegen ihrer geringen Fruchtsäure wird sie außerdem bei empfindlichem Magen gut vertragen.

Papain und Chymopapain sind auch bekannt, Entzündungen und Verbrennungsnarben zu lindern und Heilungsprozesse zu beschleunigen.

Wegen ihres hohen Vitamin-C-Gehalts werden Sanddornbeeren auch »Zitrone des Nordens« genannt.

Abnehmen und entsäuern

Papayas entsäuern den Organismus und bauen Ablagerungen von Schlacken im Verdauungstrakt und im Gewebe auf natürliche Weise ab. Somit können sie Cellulite reduzieren, unreine, entzündete Haut lindern sowie Allergien reduzieren.

Die Frucht liefert alle wichtigen Lebensbausteine (Nähr- und Ballaststoffe), die wir brauchen, und beschleunigt den Fettabbau. Sie ist also ein idealer Abnehmhelfer. Aufgrund ihres ausgewogenen Verhältnisses von Glukose zu Fruktose wird sie auch von Personen gut vertragen, die unter einer Fruktoseintoleranz leiden.

Papayakerne für einen gesunden Darm

Getrocknete Papayakerne aus reifen Früchten gelten in den Tropen als altes Naturheilmittel. Sie werden dort von den Menschen als natürliche Darmputzer und Fettverbrenner eingesetzt. Neben Senfölen in hoher Konzentration, die ihnen ein pfefferartiges Aroma verleihen, liefern sie besonders hohe Mengen des Enzyms Papain. Drei bis fünf Papayakerne mehrmals am Tag nach jeder Mahlzeit zerkaut und mit viel Wasser geschluckt wirken unangenehmen Fäulnisprozessen im Verdauungstrakt entgegen und unterstützen die Regeneration des Darmmilieus.

Sanddornbeeren – »die Zitrone des Nordens«

Die Sanddornbeeren stammen vermutlich aus Nepal und sind heute vor allem in Asien und Europa zu Hause. In Deutschland gibt es reichlich Bestände an der Nord- und Ostseeküste. Sanddornbeeren haben einen außergewöhnlich hohen Vitamin-C-Gehalt, der sogar Zitrusfrüchte in den Schatten stellt: Enthalten Zitronen oder Orangen etwa 50 mg pro 100 g Frucht, so liefert Sanddorn, je nach Sorte, zwischen 200 und 900 mg Vitamin C pro 100 g Beeren. Die »Zitrone des Nordens« ist somit eine wahre Vitaminbombe und besonders gut für ein starkes Immunsystem.

Das Fruchtfleisch der Sanddornbeeren enthält zudem drei bis fünf Prozent Öl. Dieses Öl ist reich an Carotinoiden, darunter Provitamin A, das als Schönheitsvitamin gilt. Auch Vitamin E, essenzielle

Fettsäuren, Phytosterole und Spurenelemente zeichnen den gesundheitlichen Wert aus. Naturbelassenes Sanddornöl weist rund 30 Prozent Palmitolein-Fettsäure auf, ein Stoff, der natürlicherweise auch in Haut und Schleimhäuten vorkommt. Die Fettsäure lässt Entzündungen und Verletzungen der Haut schneller abklingen.

Vielfalt der Sanddornprodukte

An der Ostseeküste wachsen viele Sanddornbüsche, und man findet Sanddornprodukte dort in Bioläden, Hofläden und Apotheken. Getrocknete Sanddornbeeren, Sanddornbeerenmark, Sanddornbeerenpulver und Sanddornöl kann man auch in gut sortierten und auch auf Anfrage in Bioläden und Reformhäusern erhalten. Auch über den Internethandel kann man die Sanddornprodukte erhalten. Wählen Sie am besten qualitativ hochwertige Produkte aus ökologischem Landbau.

Innere und äußere Anwendung

Wissenschaftler geraten ins Schwärmen, wenn sie auf den gesundheitlichen Nutzen der Sanddornbeeren angesprochen werden. Das hohe antioxidative Potenzial der Sanddornbeeren und der daraus hergestellten Produkte zeigt, welche Kraft in den Beeren steckt. Zahlreiche Studien belegen, dass sie chronischen Entzündungen entgegensteuern können. So sollen Sanddornprodukte Organ- und Erbgutschäden durch oxidative Prozesse verringern und Herzkrankheiten wirksam vorbeugen. Des Weiteren konnte in einer Studie an 254 Probanden im Vergleich zur Placebogruppe nachgewiesen werden, dass das C-reaktive Protein (CRP), einer der wichtigsten Entzündungsmarker im Blut, bei regelmäßigem Sanddornverzehr signifikant gesunken ist.

Darüber hinaus soll Sanddorn den Stresshormonspiegel Cortisol und die Konzentration des an Entzündungen beteiligten Signalstoffes Alpha-Tumor-Nekrose-Faktor reduzieren. Bereits 15 – 20 g getrocknete Beeren oder 2 EL Sanddornbeerenmark täglich können einen bemerkenswerten entzündungslindernden Effekt erzielen.

Innerlich angewendet kann Sanddornöl helfen, Entzündungen im Magen-Darm-Trakt zu lindern. Das Öl kann sich wie ein schützender Film um die Schleimhäute legen und sie so vor Säureangriffen und Reizungen bewahren. Es wird empfohlen, 1 Teelöffel 2- bis 3-mal täglich vor den Mahlzeiten einzunehmen, bis die Beschwerden, z.B. Sodbrennen, abklingen.

Auch das Sanddornöl beeindruckt mit seiner Wirkung. Es verschafft wohltuende Linderung bei

PAPAYAKERNE TROCKNEN

Trocknen Sie die wertvollen, scharfen Papayakerne (4–5 Stunden in der Sonne; oder im Backofen bei 50 °C für ca. 2 Stunden). Für einen Jahresbedarf reichen die Kerne von zwei bis drei Früchten. Nach dem Trocknen die Kerne in einem gut verschließbaren Gefäß aufbewahren oder in eine Gewürzmühle geben. Sie können pur wie Pfeffer oder in Kombination mit Pfeffer verwendet werden.

REZEPT

SANDDORNÖL FÜR DIE HAUTPFLEGE

Im Handel gibt es eine große Auswahl an Emulsionen auf Sanddornölbasis.

Sie können auch Ihre Tagescreme mit 1-2 Tropfen Sanddornöl aufpeppen. Oder Sie mischen aus Mandel- und Sanddornöl Ihr eigenes Körper-Verwöhn-Öl zum Einreiben und Massieren.

TIPP Kaufen Sie nur Bioqualität oder Öl »aus Wildsammlung«. Besonders wertvoll ist ein Öl, das aus den Samen und dem Fruchtfleisch der Beeren durch Kaltpressung gewonnen wird. Bei schonender Kaltpressung bleiben die wertvollen Inhaltsstoffe erhalten, wie z.B. die Vitamine A, E und K sowie Lezithin, Karotinoide oder Palmitoleinsäure. Sie wirken entzündungshemmend und -lindernd.

Sonnenbrand und pflegt, belebt und erfrischt auch trockene und stark beanspruchte Haut. Es wird daher mehr und mehr auch von der Kosmetikindustrie geschätzt.

Zitronen – sauer und gut

Zitronen schenken uns nicht nur einen Hauch des sonnigen Südens und sind Kraftquelle fürs Immunsystem, sie sind auch wahre Naturarznei bei vielerlei Beschwerden! Eine Tasse heiße Zitrone ist der unschlagbare Klassiker gegen Erkältungen, denn das Getränk befeuchtet die Schleimhäute, damit sie Krankheitskeime besser abwehren können.

Die unersetzlichen Helfer für das Immunsystem

Zitronen stehen stellvertretend für »Vitamin C«. Vitamin C, auch als Ascorbinsäure bekannt, ist ausnahmslos für alle Körperzellen wichtig. Es versteht sich also fast von selbst, dass auch das Immunsystem von einem guten Vitamin-C-Status profitieren kann. Vitamin C als wichtiges Antioxidans bekämpft Viren und Bakterien und desinfiziert die Harnwege wirkungsvoll. Außerdem stimuliert Vitamin C die Bildung von Leukozyten (weiße Blutkörperchen) und Interferon. Interferone haben eine krebshemmende Wirkung und stärken die Abwehrkraft des Körpers. Zudem wird die Thymusdrüse durch Vitamin C angeregt, sodass Immunzellen verstärkt produziert werden können, die bei Infektionen oder beim Eindringen körperfremder Stoffe unbedingt gebraucht werden.

Zitronen wirken entsäuernd

Zitronensaft regt die Tätigkeit von Leber und Galle an und wirkt – entgegen landläufiger Meinung – nicht übersäuernd auf den Organismus. Bei der Verdauung entsteht nämlich aus der Zitronensäure das basische Kaliumkarbonat, das wiederum Säuren neutralisiert und den Körper mild entsäuert.

Im Magen regt die Zitronensäure die Bildung von Salzsäure an. Auch das eiweißspaltende Enzym Pepsin wird dadurch in größeren Mengen gebildet, sodass die Nahrung besser verdaut wird.

Übrigens verbraucht der Magen bei der Herstellung der verdauungsaktiven Salzsäure jede Menge Säuren aus dem Blut, sodass auch durch diesen Effekt ein übersäuerter Organismus wirksam entsäuert wird.

Weitere Einsatzmöglichkeiten

Zitronensaft besitzt keimtötende Eigenschaften und eignet sich daher zum Desinfizieren von verunreinigtem Trinkwasser und zur unterstützenden Behandlung infektiöser Durchfallerkrankungen. Letztere gehen meist einher mit einem geschwächten Immunsystem, das den schädlichen Bakterien und Viren nicht gewachsen ist. Noch stärker ist allerdings der antibakterielle und antivirale Effekt bei Bio-Zitronenöl. Bei der Olivenölgewinnung durch Kaltpressung werden z.B. gleichzeitig Bio-Zitronen mitgepresst. Denn das ätherische Zitronenöl enthält neben Vitaminen, Mineralstoffen und Spurenelementen auch einen hohen Anteil an sekundären Pflanzenstoffen, die sich in der weißen Haut der Früchte befinden und beim Pressen ins Öl gelangen. Diese Pflanzenstoffe, auch Bioflavonoide genannt, sollen insbesondere bei Darmkrebs das unerwünschte Zellwachstum hemmen.

Auch äußerlich verwendet zeigt ätherisches Zitronenöl gute Wirkung. Mit Honig vermischt kann es Herpes lindern. Verdünnt mit anderen Ölen, z.B. Olivenöl, wird ätherisches Zitronenöl zum Einreiben bei schwachen Venen verwendet. Auch als Raumduft soll ätherisches Zitronenöl Entzündungen hemmen und Viren bekämpfen.

REZEPT

ZITRONENBOOSTER ZUM ENTGIFTEN

1 Glas Mineralwasser (ohne Kohlensäure)
½ Bio-Zitrone
1 EL Bio-Apfelessig

Mineralwasser leicht erwärmen. Zitrone auspressen. Mineralwasser, Zitronensaft und Apfelessig mischen.

Trinken Sie täglich nach dem Aufstehen – noch vor dem Frühstück – ein Glas Zitronen-Entgiftungs-Booster. Er regt die Verdauung an, unterstützt Entgiftungsprozesse der Leber und aktiviert die Verdauungsenzyme.

Der Booster kann auch bei Infektionen der Atemwege, Halsschmerzen und Entzündungen der Mandeln für Linderung sorgen. Gelenk- und Muskelschmerzen können mithilfe des Boosters bei regelmäßiger Einnahme gelindert werden.

Grünkohl – heimisches Superfood

Als Superfood werden die Lebensmittel bezeichnet, die besonders hohe Konzentrationen an ausgesprochen gesunden Nährstoffen enthalten. Da kann der heimische Grünkohl mit so manchem Superfood, wie z.B. Chia- oder Hanfsamen oder der Gojibeere, durchaus mithalten.

Als traditionelles Gemüse unserer Region wird das Superfood Grünkohl schon seit Jahrzehnten – besonders im Norden Deutschlands – verzehrt. Einst wurde er lediglich als Wintergemüse gefeiert, das reichlich Vitalstoffe liefert und somit auch in der kalten und angebotsschwachen Jahreszeit für eine gesunde Portion Vitamine, Mineralstoffe und Spurenelemente sorgte. Heute entdecken jedoch immer mehr Menschen die Vorzüge und den guten Geschmack des Grünkohls, und er ist in der Küche sehr vielseitig zu verwenden. Rezeptanregungen finden Sie ab Seite 50 in diesem Buch.

Was macht Grünkohl so gesund?

Auch für die Forschung wurde Grünkohl immer interessanter, vor allem als man entdeckte, dass seine Inhaltsstoffe krebsschützende Wirkung haben. Der Effekt beruht auf den pflanzeneigenen Stoffen, den Glucosinolaten, die Grünkohl in reichlicher Menge enthält. Glucosinolate zählen zu den sekundären Pflanzenstoffen und schützen den Kohl vor gefräßigen Raupen. Was für Raupen zur tödlichen Falle wird, entwickelt sich für uns zu einem wertvollen, natürlichen Medikament.

Stangen- und Knollensellerie kann helfen, lästiges Sodbrennen loszuwerden.

Wenn Kohl in der Küche verarbeitet und zerkleinert wird, werden die Glucosinolate in Senföle umgewandelt. Und genau diese Senföle sind es, die vor Krebs schützen sollen.

Außerdem enthält Grünkohl beachtliche Mengen an Omega-3-Fettsäuren, die in Verbindung mit den sekundären Pflanzenstoffen die unschätzbaren, entzündungshemmenden Eigenschaften verstärken. So gilt alles, was aus Grünkohl zubereitet wird, als Anti-Entzündungs-Booster!

Der Joker gegen Entzündungen

So, wie ein Ferrari den Autoliebhaber ins Schwärmen bringt, der all die Vorzüge des Autos bis ins kleinste Detail erklärt, so ist es mit manch einem Wissenschaftler, wenn es um den Grünkohl und seine Inhaltsstoffe geht. Bis heute konnten Wissenschaftler neben den Glucosinolaten außerdem noch mindestens 40 verschiedene Flavonoide im Kohl nachweisen, die Stoffwechsel und Fettverbrennung ankurbeln. Überflüssige Fettzellen werden abgebaut, was im Zusammenhang mit chronischen Entzündungsprozessen von grundlegendem Vorteil ist. Denn im Fettgewebe werden gefährliche Stoffe, wie z.B. der Alpha-Tumor-Nekrose-Faktor oder Interleukin-6, gebildet. Beide Verbindungen feuern bestehende Entzündungen geradezu an. Wer also chronische Entzündungen hat, sollte so weit wie möglich seine Fettpölsterchen loswerden.

Sellerie – mehr als Suppenwürze

Sellerie, ob Stangen- oder Knollensellerie, spielte lange Zeit nur als Suppengemüse eine Rolle. Wer hätte gedacht, dass der Sellerie einmal Karriere machen würde? Als Püree, Rohkostsnack, veganes Schnitzel oder beliebte Zutat im Smoothie avancierte er zur Höchstform. Dabei ist Sellerie in der Traditionellen Chinesischen Medizin und in der Ayurvedischen Heillehre ein häufig empfohlenes und wirksames Mittel gegen Bluthochdruck oder bei Verdauungsbeschwerden. Sellerie als Rohkost, Gemüse oder Saft enthält reichlich Antioxidanzien und Polyphenole, wie z. B. Flavonoide, Phenolsäuren und Phytosterine, die entzündungshemmende und immunstärkende Eigenschaften besitzen.

Hilfe bei Sodbrennen

Die Gerbstoffe und der natürliche Alkohol Ethanol stärken die Magenschleimhaut und greifen regulierend in die Produktion der Magensäure ein. Studien haben nachgewiesen, dass Menschen, die häufig und regelmäßig Sellerie essen, seltener unter Sodbrennen leiden.

Sellerie reinigt die Zellen

Der hohe Ballaststoffgehalt in Sellerie regt den Darm an, verzögert die Aufnahme von Zucker (Glukose) ins Blut und fördert eine gesunde Darmflora, die einen wesentlichen Anteil an einem stabilen, gesunden Immunsystem hat.

Sellerie liefert außerdem zahlreiche Mineralstoffe. Interessant ist besonders das ausgeglichene Verhältnis von Kalium zu Natrium. Natrium unterstützt die Aufnahme von Flüssigkeit und Nährstoffen in die Zelle, während Kalium insbesondere die Giftstoffe aus der Zelle herausspült. Dadurch wird verhindert, dass sich entzündungsfördernde Giftstoffe in der Zelle festsetzen können. Der hohe Kaliumgehalt in Sellerie wirkt zudem harntreibend, und besonders Gicht- und Rheumapatienten profitieren stark von dieser Wirkung.

Bereits Hippokrates wusste, dass Sellerie und das ätherische Öl Apiin sowie die Senföle (Terpene) aus den Selleriesamen und die darin enthaltenen Bitterstoffe und insulinähnlichen Hormone von hohem gesundheitlichem Wert für den Menschen sind. Sellerieöl wirkt sich nicht zuletzt auch günstig auf den LDL-Cholesterinspiegel aus.

REZEPT

ANTI-ENTZÜNDUNGS-BOOSTER MIT SELLERIE

2 Äpfel
4 Stangen Sellerie
1 Stück Ingwer (2 cm)
1 Orange
2 – 3 Basilikumblätter

Äpfel waschen, vierteln, entkernen. Sellerie waschen und putzen. Ingwer grob schneiden. Orange schälen. Basilikumblätter grob hacken.
Alle Zutaten in einen Entsafter geben und auspressen. Den Saft in ein Glas füllen und mit Basilikumblättern bestreuen.

Tomaten – die Powerfrucht

Eine unserer beliebtesten Gemüse sind die Tomaten. Das ist leicht nachzuvollziehen! Schließlich sehen sie nicht nur gut aus, sie schmecken auch lecker und liefern zudem auch noch fast keine Kalorien. Doch ihr hoher Gesundheitswert sollte nicht allein am niedrigen Kaloriengehalt festgemacht werden. Denn neben dem hohen Wasseranteil liefern Tomaten reichlich B-Vitamine, Vitamin C, Betacarotin und viele Mineralstoffe. Allein durch diesen hohen Gehalt an Vitalstoffen mobilisiert die Tomate die Abwehrkräfte gegen Infektionen und stärkt gleichzeitig das Immunsystem.

Reguliert den Säure-Basen-Haushalt

Tomaten liefern viel Kalium. Kalium ist der Gegenspieler zu Natrium, und beide Mineralien steuern den Wasserhaushalt des Körpers. Kalium reguliert beispielsweise die Wassermenge außerhalb und innerhalb der Körperzelle und unterstützt den Säure-Basen-Haushalt.

Außerdem sind Tomaten für ihre harntreibende Wirkung bekannt und unterstützen die Nieren beim Entgiften. Tomaten wirken blutbildend und blutreinigend, wodurch überschüssige Säuren, wie z. B. Harnsäure, leichter ausgeschieden werden. Ein zu hoher Harnsäurewert kann Gicht auslösen.

Natürlicher Schutz für Haut und Gefäße

Tomaten werden auch als »natürlicher Sonnenschutz von innen« bezeichnet, weil der Pflanzenfarbstoff Lycopin, der der Tomate ihre rote Farbe verleiht, freie Radikale beseitigt, die bei Sonneneinstrahlung in der Haut gebildet werden. Studien belegen, dass Lycopin in Sachen Haut- und Zellschutz doppelt so effektiv ist wie Beta-Carotin. Das ist der gelbe Pflanzenfarbstoff, der in Karotten und Paprika reichlich zu finden ist.

Lycopin schützt nicht nur Haut und Zellen, es hat auch einen positiven Einfluss auf das Cholesterin im Blut, d. h. es kann helfen, den Blut-Cholesterin-Spiegel zu senken.

Kochen erhöht den Gesundheitswert

Die positive Wirkung von Lycopin kommt am besten zur Geltung, wenn Tomaten nicht roh, sondern gekocht verzehrt werden. Tomatensuppe, -soße oder leicht gedünstetes Gemüse sind eine gute Verzehrform.

Die antientzündliche Wirkung des Lycopins wurde schon in zahlreichen wissenschaftlichen Studien eindeutig belegt. Insbesondere bei Brust-, Prostata-, Magen- und Darmkrebs wurden positive Ergebnisse erzielt, wenn die Probanden 2- bis 3-mal pro Woche tomatenhaltige Speisen zu sich nahmen. Ebenso erfolgreich konnten, wie Studien bewiesen, erhöhte Entzündungswerte im Blut mit einem regelmäßigen Verzehr von tomatenhaltigen Mahlzeiten deutlich reduziert werden.

An dieser Stelle bekommt sogar Tomatenketchup, natürlich selbst gemacht mit wenig Zucker, eine zunehmende Bedeutung als gesundheitlich wertvolles Lebensmittel. Das Rezept für einen selbst gemachten, aromatischen Tomatenketchup finden Sie auf Seite 66.

Grüner Tee – Gesundheit und Genuss vereint

In China wird das aus der Teepflanze Camellia sinensis gewonnene grüne Kraut seit Jahrtausenden als Genuss- und Heilmittel gleichermaßen zubereitet und als grüner Tee getrunken. Und das nicht ohne Grund, denn die große Palette der Inhaltsstoffe macht den grünen Tee – täglich getrunken – zu einem äußerst wertvollen Getränk mit vielerlei Vorteilen für Beauty, Wellness und Gesundheit.

Nicht nur anregende Wirkung

Die anregende Wirkung und der hohe Anteil an Vitalstoffen von grünem Tee steigern die geistige und körperliche Leistungsfähigkeit. Bei Entzündungen im Mund- und Rachenraum, bei Magen-Darm-Beschwerden, Erkältung und Grippe wurde grüner Tee schon immer gerne zur unterstützenden Behandlung eingesetzt.

Doch was hat es tatsächlich auf sich mit dem gesundheitlichen Potenzial? Da sind zunächst das Koffein und die Gerbstoffe zu nennen, die eine anregende Wirkung haben. Doch der wahre Schatz des grünen Tees liegt in der Wirkung der sekundären Pflanzenstoffe, wie beispielsweise der Catechine Epigallocatechingallat (EGCG) und Epigallocatechin (EGC), deren enormes Wirkungspotenzial weit mehr ausmacht als allein die starke antioxidative Wirkung.

Grüner Tee schützt vor Krebs und hilft beim Abnehmen

Die Inhaltsstoffe des grünen Tees fangen freie Radikale in den Zellen ab, die unter Sauerstoffeinfluss zu Zellschädigungen führen können. Das kann die Zellen vor Entartung und damit vor der Entstehung von Tumoren und Krebs schützen.

Darüber hinaus haben wissenschaftliche Untersuchungen gezeigt, dass die Inhaltsstoffe von grünem Tee außerdem in der Lage sind, entzündungsfördernde Stoffe, wie z.B. den Alpha-Tumor-Nekrose-Faktor, zu hemmen. Diese Tatsache ist eng damit verbunden, dass die im grünen Tee vorkommmenden Catechine einen starken Einfluss nehmen auf den Fettstoffwechsel. Sie können eine gewünschte Gewichtsabnahme gut unterstützen.

Grüner Tee ist beliebt. Er soll beim Abnehmen helfen und Entzündungen lindern.

In Verbindung mit einem niedrigen Insulinspiegel und reichlich Catechinen werden gespeicherte Fettsäuren aus den Fettzellen freigesetzt und in den Muskeln zu Energie verbrannt. Die Fettzellen werden weniger und sie können nur noch wenig entzündungsfördernde Stoffe produzieren. Außerdem können die Antioxidanzien des Tees vor Herz-Kreislauf-Erkrankungen schützen.

Leckere Rezeptideen für Drinks mit grünem Tee finden Sie in diesem Buch ab Seite 59.

GUT GEPLANT IST SCHON GEWONNEN

Wer seine Ernährung umstellen und sich vor chronischen Entzündungen schützen möchte, hat sich gut entschieden. Viel beschäftigte Menschen mögen jetzt zurückschrecken. Aber keine Angst – mit ein wenig Planung und Vorbereitung gelingt es viel leichter und schneller!

Stress, mangelnde Zeit und oft auch fehlende Motivation für Einkauf und Zubereitung der Speisen machen es oft schwer, seine Ernährung umzustellen. Vielleicht haben Sie auch schon das ein oder andere Mal den Versuch gestartet? Stellte sich nach anfänglicher Euphorie schnell Ernüchterung ein, und Sie haben nach wenigen Tagen das Projekt »Ernährungsumstellung« wieder auf Eis gelegt?

Wer über gesundes Essen erst nachdenkt, wenn der Hunger schon da ist, wird es schwer haben. Dann ist es einfacher, schnell um die Ecke beim Bäcker vorbeizugehen und unterwegs zu frühstücken. Oder in Besprechungen und Meetings den »kleinen Hunger« schnell mit Keksen zu decken. Mittags in der Kantine hat man ja (scheinbar) keinen Einfluss auf das Angebot. Diese oder ähnliche Argumente haben wir stets parat – doch meist sind es, wenn wir ehrlich sind, eigentlich nur Ausreden. Spätestens wenn es irgendwo wehtut, die Gelenke schmerzen oder sich der Körper anderweitig meldet, nehmen wir es ernst und essen gesünder. Doch profitieren wir viel stärker von der Heilkraft der natürlichen Nahrung, wenn wir bereits im Vorfeld daran denken. Dass gesunde Ernährung schnell umzusetzen ist und dazu auch noch schmeckt, zeigen die raffinierten Rezepte in diesem Buch. Sie sind so entwickelt, dass sie in hoch konzentrierter Form unsere »normalen« Mahlzeiten anreichern bzw. ergänzen können, viele sind auf Vorrat zuzubereiten und passen in jeden (Berufs-)Alltag. Probieren Sie es aus!

Vorräte aussortieren

Machen Sie zunächst einen Streifzug durch Ihren Kühl- und Vorratsschrank. Sie werden staunen, was sich dort an vermeintlich gesunden Lebensmitteln angesammelt hat! Studieren Sie kritisch die Zutatenlisten. Sie werden sicherlich eine ganze Reihe Produkte finden, die gespickt sind mit Zucker und Zusatzstoffen, die Gift für Ihren Körper sind. Denn sie können nicht nur das Darmmilieu schädigen, sondern auch den gesamten Stoffwechsel aus dem Gleichgewicht bringen. Trennen Sie sich rigoros von diesen Nahrungsmitteln! Schaffen Sie Platz für Neues – für eine gesündere, natürlichere Ernährung.

Einkauf überlegen

Um es gleich vorwegzunehmen: Ganz ohne Planung wird eine Ernährungsumstellung zum Scheitern verurteilt sein! Genauso, wie wir das gemeinsame Essen mit Freunden am Wochenende planen, müssen auch einige Vorkehrungen für die Ernährungsumstellung getroffen werden. Aber keine Angst – so aufwendig wie für den Gästebesuch wird es nicht werden! Kaufen Sie am Anfang der Umstellung für zwei bis drei Tage ein. Schreiben Sie einen Einkaufszettel und wählen Sie aus der Lebensmittelliste mit dem größten Entzündungsschutz (siehe Seite 46ff.) das Passende für Sie aus.

Vielleicht ist es so, dass nicht alle antientzündlichen Lebensmittel zu Ihren Favoriten zählen. Das muss auch nicht sein! Fangen Sie zuerst mit dem an, was am besten schmeckt. Vielleicht fallen Ihnen gleich ein paar eigene (Lieblings-)Rezepte ein? Wenn Sie sich inspirieren lassen möchten, finden Sie ab Seite 50 in diesem Buch viele Anregungen für wirksame und leckere Anti-Entzündungs-Booster. Weitere Rezeptideen finden Sie in meinen Büchern »Heimliche Entzündungen« und »Heimliche Entzündungen – Das Kochbuch«, ebenfalls im Königsfurt Urania Verlag erschienen.

Nehmen Sie nach und nach immer mehr Lebensmittel in Ihren Speiseplan auf. Kochen Sie selbst und so frisch wie möglich, auch wenn es vielleicht etwas mehr Zeit kostet. Doch Sie werden sich wohler fühlen und ganz sicher an Lebensqualität gewinnen!

Vorkochen und mitnehmen

Wer kennt das nicht? Man kommt abends nach einem langen Arbeitstag nach Hause und hat keine Lust mehr zu kochen? Leider muss dann meist der nächste Lieferservice den Abend retten. Doch ob die Qualität des Essens wirklich stimmt, oder ob nicht eher viele Zusatzstoffe, hohe Fettmengen und viel zu viele Kalorien den Genuss auf Dauer schmälern, sei dahingestellt.

Wer selbst kocht, bestimmt, welche Inhaltsstoffe er mitisst. Vieles lässt sich in größerer Menge im Voraus kochen. Das Übriggebliebene bleibt meist problemlos zwei bis drei Tage im Kühlschrank frisch und kann am nächsten Tag zur Arbeit mitgenommen oder eingefroren werden. Oder informieren Sie sich, was es am Folgetag in der Kantine zu essen gibt. Die Saucen, Dips und Dressings in diesem Buch lassen sich alle vorbereiten und mitnehmen. So können unsere Anti-Entzündungs-Booster sogar jedes Kantinenessen aufwerten.

Nehmen Sie etwas von zu Hause mit – dann ist das gesunde Mittagessen gerettet.

BEWUSST ESSEN

Gesund essen heißt nicht nur, auf das »was« zu achten. Auch »wie« wir essen, beeinflusst Wohlbefinden und Gesundheit. Geschwindigkeit, Genuss, Achtsamkeit sind nur ein paar Worte, denen in diesem Kapitel die nötige Aufmerksamkeit gewidmet wird. Ihrer Gesundheit zuliebe!

Oft schlingen wir hastig das Essen hinunter – immer in Eile, unterwegs, hetzend von einem Termin zum nächsten und das nicht nur im Job, sondern auch zu Hause. Schnell die Kinder vom Kindergarten holen, einkaufen, kochen, essen und dann zum Reitunterricht, Fußball oder Musikunterricht! Das kommt Ihnen bekannt vor? Willkommen im Club der Wahnsinnigen! Vielleicht sollten wir besser mal einen Gang herunterschalten und nicht nur der Auswahl der Zutaten, sondern auch der Nahrungsaufnahme selbst mehr Aufmerksamkeit schenken.

Nehmen Sie Tempo raus

Wer schnell isst, isst automatisch mehr! Wussten Sie, dass es etwa 20 Minuten dauert, bis der Magen ans Gehirn sendet, dass wir satt werden? Erst wenn diese Signale oben ankommen, versucht der Körper, das Hunger-Sättigungsgefühl zu regulieren. Hand aufs Herz: Wie schnell essen Sie? Gehören Sie auch zu denen, die nach 20 Minuten bereits die zweite Portion aufgegessen haben? Wir lassen dem Körper keine Chance, Stop zu sagen. Stattdessen schlingen wir im Rekordtempo. Doch nicht nur, dass wir mit schneller Geschwindigkeit meist zu viel essen, wir fühlen uns nach der Turbomahlzeit alles andere als wohl und die Verdauungsorgane können die Wucht kaum verarbeiten. Immer mehr Menschen klagen über Magenbeschwerden oder Sodbrennen. Oft ist nicht das Essen selbst die Ursache, sondern die Essgeschwindigkeit.

Essen Sie langsam. Kauen Sie ganz bewusst, ohne sich ablenken zu lassen. Achten Sie auf Geruch, Geschmack und Konsistenz von jedem Bissen. Wer achtsam isst, fühlt sich wohler.

Achtsam essen

Besonders dankbar für achtsames Essen ist der Darm. Er ist für alle wichtigen Verdauungsvorgänge zuständig. Und er ist Hauptsitz unseres Immunsystems. Wenn der Darm aus dem Takt gerät, dann betrifft dies nicht nur ihn, sondern das gesamte Stoffwechselgeschehen.

Grundsätzlich kann der Darm kleinere und auch größere Esssünden über einen längeren Zeitraum verzeihen und ausgleichen. Doch bei lange praktizierter unachtsamer Lebensführung fängt er irgendwann an zu »maulen«. Zu viel, zu unregelmäßig, zu fett, zu süß, zu hektisch – das sind nur einige Ernährungsmuster, die dem Darm auf Dauer zu schaffen machen. Das macht leider auch den Weg frei für chronische Entzündungen.

Achtsamer Umgang mit der Nahrung ist bereits der erste Schritt für ein gesünderes Leben. Wenn wir in Ruhe essen, schlagen wir mehrere Fliegen mit einer Klappe. Wir gönnen uns eine Pause, entlasten den Darm, erleichtern viele Verdauungsschritte und werden glücklicher! Denn bei achtsamem Essen werden mehr Glückshormone freigesetzt!

Achtsamkeitsübung zum Essen

Nehmen Sie ein Lebensmittel, das Sie als Ganzes in den Mund nehmen können, z.B. Traube, Walnuss oder Dattel. Setzen Sie sich an Ihren Lieblingsplatz und konzentrieren Sie sich ausschließlich darauf, z.B. die Dattel. Wie sieht sie aus? Wie fühlt sie sich an? Wie riecht sie? Dann nehmen Sie die Dattel in den Mund ohne zuzubeißen. Erkunden Sie mit der Zunge, welche Form sie hat, wie sie sich als Ganzes anfühlt. Welchen Geschmack nehmen Sie wahr? Anschließend beißen Sie genussvoll zu und spüren, wie sich der Geschmack auf der Zunge und im Mund ausbreitet. Je länger Sie kauen, desto mehr Aromen treten auf. Der intensive Geschmack bleibt sogar noch erhalten, wenn die Dattel schon längst hinuntergeschluckt worden ist.

Wenn Sie die Dattel aufgegessen haben, spüren Sie nach, wie es sich angefühlt hat, sie so bewusst verzehrt zu haben. War der Geschmack, wie Sie ihn erwartet haben? War er so, wie Sie ihn seit jeher kennen? So lernt man Essen wieder neu kennen.

Genießen erwünscht

Das Auge isst mit! Lieblos angerichtete Mahlzeiten, in aller Hast hinuntergeschlungen, belasten den

Langsam essen! Laut Anti-Stress-Therapeuten ist der Mundbereich nach dem Rücken die zweithäufigste Region, wo sich Stress durch Anspannung festsetzt.

Organismus. Essen wird nebenbei am Schreibtisch oder achtlos im Gehen verschlungen oder gleich ganz ausgelassen. Genuss? Fehlanzeige! Dabei trägt Ruhe und Genuss beim Essen zur Entspannung bei, reduziert Stress und wirkt auf diese Weise schon unmittelbar gegen Entzündungen.

Und der Genuss entsteht nicht erst beim Essen. Schon das Zubereiten von frischem Gemüse mit Kräutern und Gewürzen verbreitet angenehme Aromen, die einem »das Wasser im Mund zusammen laufen lassen«. Vorfreude auf das Essen macht sich breit. Solche Momente sollte man sich nicht entgehen lassen! Nehmen Sie sich mindestens einmal am Tag für eine Mahlzeit ganz bewusst diese Zeit, und gönnen Sie sich so etwas Gutes!

ENTZÜNDUNGSHEMMER

SEEFISCH

z. B. Lachs

GEMÜSE

Knoblauch

Kohl

Rote Bete

Rote Zwiebeln

Sellerie

Spinat

Tomaten

OBST

Ananas

Aroniabeeren

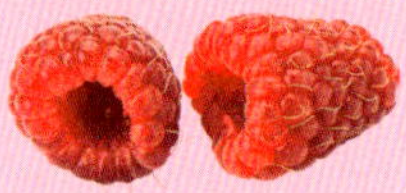

Beeren

Granatapfel

Hagebutten

Holunder

Kirschen

Papaya

AUF EINEN BLICK

FORTSETZUNG ENTZÜNDUNGSHEMMER AUF EINEN BLICK

GEWÜRZE KRÄUTER

Bärlauch

Basilikum

Brennnessel

Chili

Dill

Gewürznelken

Ingwer

Kamille

Kurkuma

Meerrettich

Oregano

Rosmarin

Salbei

Thymian

Zimt

GETRÄNKE

Grüner Tee

REZEPT-IDEEN

GRÜNER ENERGIE-DRINK

FÜR 1 GLAS

- **1 Apfel**
- **½ Avocado**
- **2 Handvoll Blattspinat**
- **4 Löwenzahnblätter**
- **1 Stück Ingwer (ca. 1 cm)**
- **4–5 frische Dillzweige**
- **1 EL Chiasamen**
- **1 TL Schwarzkümmelöl**

Arbeitszeit: 10 Min.

1 Den Apfel waschen, vierteln, das Kernhaus entfernen und in Würfel schneiden. Das Avocadofruchtfleisch mit einem Löffel aus der Schale lösen und in Würfel schneiden.

2 Spinat und Löwenzahnblätter waschen und trockenschütteln. Ingwer fein reiben. Dillzweige kurz unter fließendem Wasser waschen und trockenschütteln. Die Dillspitzen abzupfen.

3 Die Hälfte der Dillspitzen zusammen mit Spinat, Löwenzahn und Ingwer in einen Mixer geben, mit 125 ml Wasser auffüllen und gut mixen. Anschließend Apfel, Avocado, Chiasamen und Schwarzkümmelöl mit weiteren 125 ml Wasser dazugeben und erneut kräftig mixen.

4 Das Getränk in ein hohes Glas füllen und mit den zurückbehaltenen Dillspitzen bestreuen.

TOMATEN-SELLERIE-SAFT (FOTO)

FÜR 4 GLÄSER

- **2 Stangensellerie**
- **800 ml Tomatensaft**
- **½ TL Chilipulver**
- **½ TL Kurkumapulver**
- **3 EL Hanfsamen**
- **2 EL Leinöl**
- **etwas Selleriegrün, gehackt**

Arbeitszeit: ca. 10 Min

1 Die Selleriestangen waschen, putzen, das Selleriegrün fein hacken und die Stangen in dünne Ringe schneiden.

2 Sellerie mit dem Tomatensaft, dem Chili- und Kurkumapulver sowie 2 EL Hanfsamen in einen Mixer geben und alles kräftig mixen.

3 Anschließend das Leinöl dazugeben und erneut kurz mixen. Den Saft in Gläser füllen und mit Selleriegrün und den restlichen Hanfsamen bestreuen.

ROTE-BETE-POWER-GETRÄNK (FOTO)

FÜR 2 GLÄSER

- **1 Knolle Rote Bete, gegart**
- **1 Stück Ingwer (ca. 2 cm)**
- **½ Avocado**
- **1 EL Hanfsamen**
- **100 g gemischte Beeren, tiefgekühlt, (z. B. Him-, Brom- oder Heidelbeeren)**
- **100 ml Kokosmilch**
- **1 EL Leinöl**

Arbeitszeit: 10 Min.

1 Rote Bete in Würfel schneiden. Ingwer fein reiben. Fruchtfleisch der Avocado aus der Schale lösen und grob würfeln. Rote Bete, Ingwer und 150 ml Wasser in einen Mixer geben und auf höchster Stufe pürieren.

2 Avocado, Hanfsamen und die Beeren mit weiteren 150 ml Wasser zufügen und alles kräftig pürieren. Zum Schluss Kokosmilch und Leinöl dazugeben und kurz aufmixen.

INFOS Das Rote-Bete-Power-Getränk ist ideal für einen perfekten Tagesstart. Der Körper wird schnell mit wertvollen Vitalstoffen versorgt. Rote Bete und Ingwer regen Durchblutung und Stoffwechsel an und stärken das Immunsystem.

HERBST-SMOOTHIE

FÜR 1 GLAS

- **125 g Knollensellerie**
- **1 Stangensellerie**
- **1 Apfel**
- **50 g Pastinake**
- **8 Walnusskerne**
- **1 Stück frischer Ingwer (ca. 2 cm)**
- **200 ml Mandelmilch**
- **1 EL Leinöl oder 1 TL Schwarzkümmelöl**

Arbeitszeit: ca. 15 Min.

1 Den Knollensellerie putzen und würfeln. Den Stangensellerie waschen, putzen und in dünne Ringe schneiden. Apfel waschen, vierteln, Kernhaus entfernen und in Würfel schneiden.

2 Pastinake waschen, putzen und in Würfel schneiden. Walnusskerne grob zerhacken. Ingwer grob reiben.

3 In einem Topf 6 EL Wasser erhitzen, Knollensellerie und Pastinake 3 Minuten darin köcheln lassen. Ingwer, Apfel und Stangensellerie dazugeben und weitere 2 Minuten köcheln lassen.

4 Die Mischung in ein hohes Gefäß füllen und mit einem Pürierstab mixen. Walnüsse, Mandelmilch und Öl dazugeben. Kurz und kräftig pürieren und in ein Glas füllen.

PFLAUMEN-ZIMT-GETRÄNK (FOTO)

1 Die Pflaumen waschen, entkernen und grob zerkleinern. Zusammen mit den Hirseflocken und der Hälfte der Hafermilch in einen Mixer geben und kräftig mixen.

2 Dann die restliche Hafermilch, Zimt, Nelkenpulver und Honig dazugeben und erneut kräftig mixen. Nach Belieben mit Minzeblättchen garnieren.

TIPP **Man kann auch getrocknete Pflaumen verwenden. Sie sollten vor der Verwendung über Nacht eingeweicht werden.**

FÜR 1 TASSE

10 reife oder getrocknete Pflaumen
1 EL Hirseflocken
250 ml Hafermilch
1 TL Zimt
1 Msp. Gewürznelken, gemahlen
1 TL Manukahonig
einige Minzeblättchen

Arbeitszeit: ca. 10 Min.

FRÜCHTE-INGWER-PUNSCH

1 Den Apfel und die Orange gut waschen und die Früchte schälen. Die Zitrone auspressen. Die gelben Schalenteile abschneiden. Ingwer in Scheiben schneiden und zusammen mit den Apfel-, Orangen- und Zitronenschalen in eine Kanne geben.

2 500 ml Wasser in einen Topf geben und zusammen mit der Zimtstange und den Nelken zum Kochen bringen. Die Fruchtschalen damit überbrühen und 10 Minuten ziehen lassen.

3 In der Zwischenzeit den Apfel vierteln, Kernhaus entfernen und in kleine Würfel schneiden. Die Orange in kleine Würfel schneiden und die Zitrone auspressen.

4 Apfel- und Orangenwürfel mit Zitronensaft, Manukahonig und Zimt mischen. Das Wasser mit den Fruchtschalen über ein Sieb gießen, die Flüssigkeit auffangen und mit der Fruchtmischung vermengen.

FÜR 4 TASSEN

1 Apfel
1 Bio-Orange
1 Bio-Zitrone
1 Stück Ingwer (ca. 2 cm)
1 Zimtstange
2 Gewürznelken
1 EL Manukahonig
1 TL Zimt

Arbeitszeit: ca. 20 Min.

WÄRMENDE APFEL-BANANEN-MILCH

FÜR 1 TASSE

1 Apfel
½ Banane
1 Stück Ingwer (ca. 1 cm)
½ TL Zimt
½ TL Kurkumapulver
1 TL Honig
250 ml Hafermilch

Arbeitszeit: ca. 15 Min.

1 Apfel waschen, vierteln, das Kernhaus entfernen und das Fruchtfleisch in Würfel schneiden. Die Banane schälen und in Scheiben schneiden. Den Ingwer fein reiben.

2 3–4 EL Wasser in einen Topf geben und Apfel, Banane und Ingwer darin weich dünsten. Zimt, Kurkumapulver, Honig und Hafermilch dazugeben und kurz erwärmen.

3 Anschließend die Mischung in einen Mixer geben und auf höchster Stufe pürieren.

HEISSE CHILI-SCHOKOLADE (FOTO)

FÜR 1 TASSE

½ Avocado
1 Vanillestange
250 ml Mandelmilch
1 EL Hanfsamen
2 EL Kakaopulver
½ TL Chilipulver
1 TL Zimt

Arbeitszeit: ca. 15 Min.

1 Das Fruchtfleisch der Avocado aus der Schale lösen, in grobe Würfel schneiden und in einen Mixer geben. Die Vanillestange längs halbieren und das Vanillemark herauskratzen. Zur Avocado geben.

2 Mandelmilch, Hanfsamen, Kakaopulver, Chilipulver und Zimt dazugeben und alles auf höchster Stufe pürieren.

3 Die Flüssigkeit in einen Topf geben und langsam erwärmen, aber nicht kochen lassen.

GRÜNER-TEE-SHAKE (FOTO)

FÜR 1 GLAS

150 ml grüner Tee, lauwarm

100 g Weintrauben

100 g frischer Blattspinat

1 TL Honig

Arbeitszeit: ca. 15 Min.

1 Den grünen Tee aus losen Blättern zubereiten und etwas abkühlen lassen. Die Weintrauben waschen und abzupfen. Den Blattspinat waschen und trockenschütteln.

2 Weintrauben, Spinat, grünen Tee und Honig in einen Mixer geben und alles kräftig mixen.

TIPPS Sie können auch tiefgefrorenen Blattspinat verwenden. Dann muss der grüne Tee nicht abgekühlt werden. Lecker schmeckt der Shake auch, wenn man zusätzlich noch eine reife Mango (ca. 100 g) mitpüriert.

SOJA-HOLUNDER-DRINK

FÜR 1 GLAS

½ Banane

2 EL Amaranthflocken

200 ml Sojamilch

75 ml Holundersaft

½ TL Zimt

1 TL Manukahonig

Arbeitszeit: ca. 10 Min.

1 Die Banane schälen und in Scheiben schneiden. Banane mit Amaranthflocken und Sojamilch in einen Mixer geben und alles kräftig pürieren.

2 Anschließend den Holundersaft, Zimt und Honig dazugeben und kurz aufschäumen. Das Getränk in ein hohes Glas füllen.

SCHARFES HOLUNDERGETRÄNK (FOTO)

FÜR 4 TASSEN

- 4 dünne Scheiben frischer Ingwer
- 1 TL Kurkumapulver
- 1 Limette
- 125 ml Bio-Holundersaft (Direktsaft)
- 1 Prise schwarzer Pfeffer
- 2 TL Honig

Arbeitszeit: 15 Min.

1 Die Ingwerscheiben mit 500 ml Wasser zum Kochen bringen. Das Kurkumapulver zugeben und bei mittlerer Hitze 10 Minuten köcheln lassen.

2 Die Limette auspressen. Anschließend Limetten- und Holundersaft, Pfeffer und Honig zm Ingwer-Kurkuma-Wasser geben.

3 Das Getränk sofort auf vier Tassen verteilen oder in eine Thermoskanne füllen. Die Ingwerscheiben müssen nicht entfernt werden, sie können im Tee verbleiben und intensivieren das Aroma.

TIPP Anstelle des Holundersafts eignet sich auch Sauerkirschsaft besonders gut, da auch Sauerkirschen laut Studien eine ähnlich entzündungshemmende Wirkung aufweisen wie handelsübliche Schmerzmittel, wie z. B. Ibuprofen.

Dazu passendes Rezept

SANDDORNBÄLLCHEN

FÜR 10–12 STÜCK

- 70 g Cashewkerne
- 3 EL Sanddornmark
- 30 g Walnusskerne
- 20 g Kokosraspel

Arbeitszeit: ca. 20 Min.

1 Die Cashewkerne ca. 10 Minuten einweichen lassen. Die Kerne in ein Sieb geben und abtropfen lassen.

2 In einem Mixer zuerst die Cashewkerne mit dem Sanddornmark kräftig mixen. Dann Walnusskerne und Kokosraspel dazugeben und erneut mixen. Es sollte eine einheitliche, etwas zähe Masse geben.

3 Aus der Masse kleine Bällchen formen. Falls die Masse zu weich sein sollte, noch etwas Kokosraspel untermischen.

GRÜNTEECOCKTAIL MIT ZITRONENGRAS

FÜR 2 GLÄSER

- **30 g frischer Ingwer**
- **2 EL grüner Tee, lose**
- **1 Stängel Zitronengras**
- **5 Blättchen Zitronenmelisse**
- **4–6 Eiswürfel**

Arbeitszeit: ca. 40 Min.

1 Den Ingwer in dünne Scheiben schneiden. Ingwerscheiben und 500 ml Wasser in einen Topf geben. Das Wasser zum Kochen bringen, den Topf von der Herdplatte nehmen und den Ingwer darin ca. 10 Minuten ziehen lassen.

2 Die grünen Teeblätter mit dem gekochten Ingwerwasser aufgießen und weitere 4 Minuten ziehen lassen. Den Tee durch ein Teesieb abgießen und erkalten lassen.

3 Die härtere Außenschale vom Zitronengras ablösen, hartes Stielende abschneiden. Dann den Zitronengrasstängel längs halbieren, mit einem Fleischklopfer oder Stößel flach klopfen und klein schneiden. 2 Blättchen Zitronenmelisse in feine Streifen schneiden. Das Zitronengras und die geschnittenen und ganzen Zitronenmelisseblätter auf zwei Longdrinkgläser verteilen.

4 Die Eiswürfel zerstoßen: Dafür das Eis in einen Gefrierbeutel geben, verschließen und mit einem Fleischklopfer oder Hammer kräftig darauf schlagen. Die beiden Gläser bis zur Hälfte damit füllen. Den Grünen-Ingwer-Tee aufgießen.

TIPPS Süßen Sie nach Bedarf mit Ahornsirup oder Honig. Anstelle von »normalen« Eiswürfeln bieten sich auch Ingwer-Eiswürfel an. Dafür ein ca. 5 cm großes Ingwerstück in Scheiben schneiden und mit 1 Liter Wasser zum Kochen bringen. Bei kleiner Hitzezufuhr ca. 10 Minuten köcheln lassen. Die Flüssigkeit abkühlen lassen und abseihen. Das Ingwerwasser in Eiswürfelbehälter füllen und einfrieren.

KNOBLAUCH-KRÄUTER-DIP MIT SEIDENTOFU

FÜR 2 PORTIONEN

- 400 g Seidentofu
- 2 EL Leinöl
- 2 Knoblauchzehen
- 2 Dillzweige
- schwarzer Pfeffer, Salz
- 1 EL Kräuter, frisch gehackt (z.B. Schnittlauch oder Petersilie) oder 1 TLKräuter, getrocknet
- 1 EL Zitronensaft

Arbeitszeit: ca. 10 Min.

1 Den Seidentofu zusammen mit dem Leinöl in einen Mixer geben und zu einer glatten Masse pürieren.

2 Die Knoblauchzehen abziehen, durch eine Presse drücken und zum Seidentofu geben.

3 Die Dillspitzen von den Zweigen zupfen und zusammen mit den Kräutern und dem Zitronensaft unter den Seidentofu rühren. Mit Salz und Pfeffer würzig abschmecken.

TIPPS Der Knoblauch-Kräuter-Dip passt gut zu Pell- und anderen Kartoffeln sowie zu Fisch, Fleisch und Gemüse.
Sie können den Dip natürlich auch mit Quark oder Joghurt zubereiten.

WILDKRÄUTER-PESTO (FOTO)

FÜR 2 PORTIONEN

- 50 g Giersch
- 20 g Brennnessel
- 30 g Bärlauch
- 20 g Erdnüsse, gesalzen
- 30 ml Olivenöl
- 15 g Parmesankäse, gerieben

Arbeitszeit: ca. 15 Min.

1 Die Wildkräuter waschen, trockenschütteln und hacken. Die Nüsse mit dem Öl in einen Mixer geben und pürieren.

2 Dann die Kräuter dazugeben und erneut pürieren. Zum Schluss den geriebenen Parmesankäse darunter mischen.

TIPPS Schmeckt gut zu Pellkartoffeln, Pasta und Käse.
Selbst gemachtes Pesto hält sich in einem gut verschließbaren Gefäß ca. 10 Tage. Wenn Sie eine größere Mengen zubereiten, sollten Sie den Parmesankäse bei der Zubereitung weglassen und erst beim Verzehr entsprechend zugeben. Dadurch kann die Haltbarkeit des Pestos um einige Tage verlängert werden.

AROMATISCHER TOMATENKETCHUP

FÜR 3 GLÄSER (À 250 ML)

- **1 kg vollreife Tomaten**
- **1 kleine rote Paprika**
- **1 kleine rote Zwiebel**
- **85 ml Apfelessig**
- **60 g Honig**
- **1 ½ TL Salz**
- **1 Stück Ingwer (ca. 2 cm)**
- **½ TL Senfkörner**
- **½ TL schwarze Pfefferkörner**
- **2 Gewürznelken**
- **1 Zimtstange**
- **2 TL Paprikapulver**
- **140 g Tomatenmark**
- **60 ml Olivenöl**

Arbeitszeit: ca. 2 Stunden

1 Die Tomaten häuten. Dafür die Tomaten gegenüber dem Stielansatz kreuzweise einschneiden. Die Tomaten kurz in kochendes Wasser legen, die Haut platzt auf und kann dann leicht abgezogen werden.

2 Die Paprikaschote halbieren, putzen, waschen und in grobe Würfel schneiden. Die Zwiebel abziehen und in feine Würfel schneiden.

3 Tomaten, Paprika und Zwiebel mit der Hälfte des Apfelessigs vermischen und in einem Topf zum Kochen bringen. 25 Minuten zugedeckt bei schwacher Hitze köcheln lassen. Anschließend die Tomaten-Paprika-Zwiebel-Mischung mit einem Pürierstab pürieren. Restlichen Apfelessig, Honig und Salz zum Tomatenpüree geben und unterrühren.

4 Ingwer in feine Scheiben schneiden und zusammen mit den Senfkörnern, Pfefferkörnern, Gewürznelken und der Zimtstange auf ein kleines Mulltuch geben, zubinden und in den Topf zum Tomatenpüree geben. Alternativ nehmen Sie einen frischen Teebeutel. Das Ganze 1 Stunde unter gelegentlichem Umrühren offen köcheln lassen, sodass es gut eindickt.

5 Anschließend die Gewürze entfernen. Paprikapulver, Tomatenmark und Olivenöl unter den Ketchup rühren und bei Bedarf mit Salz und Paprikapulver abschmecken.

6 Die Gläser mit sehr heißem Wasser ausspülen und abtropfen lassen. Anschließend den selbst gemachten Tomatenketchup einfüllen und gut verschließen.

TIPP **Der Tomatenketchup ist in gut verschlossenen Gläsern im Kühlschrank ca. 12 Wochen haltbar.**

WALNUSS-PINIENKERN-PESTO

1 Die Walnusskerne grob hacken. Die Basilikumblätter grob zerteilen. Den Parmesan reiben oder klein hacken.

2 Walnusskerne, Basilikum, Parmesan, Pinienkerne, Olivenöl, Salz und Pfeffer in einen Mixer geben und bei höchster Stufe kurz und kräftig pürieren.

TIPPS Walnusspesto passt gut zu Nudeln (z. B. Tagliatelle), aber auch zu Gemüsepuffer oder einfach als Brotaufstrich. Wer Pesto liebt, bereitet gleich mehrere Portionen zu. Es hält sich im gut verschlossenen Gefäß ca. 1 Woche im Kühlschrank.

FÜR 1 PORTION

- 100 g Walnusskerne
- 15–20 Basilikumblätter
- 15 g Parmesan
- 20 g Pinienkerne
- 6 EL Olivenöl
- Meersalz
- schwarzer Pfeffer, frisch gemahlen

Arbeitszeit: ca. 15 Min.

Dazu passendes Rezept

ZUCCHINIPUFFER MIT WALNUSSPESTO

1 Die Zucchini waschen, putzen und grob raspeln. Zucchini, Ei und Haferflocken vermengen und mit Salz, Pfeffer und Muskat kräftig würzen.

2 Das Kokosöl in einer Pfanne erhitzen. Aus der Zucchinimasse Puffer formen. Dafür je einen Esslöffel Zucchinimasse in die Pfanne geben und etwas platt drücken.

3 Die Puffer von beiden Seiten etwa 3–4 Minuten goldbraun braten. Mit den Petersilieblättchen und dem Walnusspesto auf einem Teller anrichten.

TIPP Probieren Sie anstelle von Zucchini- auch Kartoffel- oder Möhrenpuffer mit Walnusspesto – lecker!

FÜR 1 PERSON

- 1 Zucchini
- 1 Ei
- 20 g Haferflocken
- Salz
- Pfeffer, frisch gemahlen
- etwas Muskat
- 2 EL Kokosöl
- 3–4 Blätter Petersilie
- 1 Portion Walnusspesto (siehe oben)

Arbeitszeit: 20 Min.

KÜRBISKERN-GRÜNKOHL-PESTO

FÜR 4 PORTIONEN

- 125 g frische Grünkohlblätter
- ½ Bund Petersilie
- 6 Korianderblätter
- 1 rote Zwiebel
- 3 Knoblauchzehen
- ½ Chilischote
- 100 g Kürbiskerne
- 60 ml Olivenöl
- Salz
- schwarzer Pfeffer
- 60 ml Kürbiskernöl

Arbeitszeit: ca. 25 Min.

1 Den Grünkohl waschen, trockenschütteln und in grobe Streifen schneiden. Petersilie und Koriander waschen, trockenschütteln und grob hacken.

2 Die Zwiebel und die Knoblauchzehen abziehen und fein würfeln. Die Chilischote längs aufschlitzen, entkernen, waschen und fein hacken. (Am besten Haushaltshandschuhe verwenden.)

3 Die Kürbiskerne in einer heißen Pfanne ohne Fett kurz anrösten, herausnehmen und beiseite stellen. In die Pfanne 1 EL Olivenöl geben und erhitzen. Zwiebel und Knoblauch darin glasig dünsten. Den Grünkohl dazugeben und bei mittlerer Hitze ca. 3 Minuten dünsten. Die Pfanne beiseite stellen und das Gemüse etwas auskühlen lassen.

4 Lauwarmen Grünkohl mit Kräutern, Kürbiskernen, Chili und dem restlichen Olivenöl in einem Mixer zu einer glatten Paste verarbeiten. Mit Salz und Pfeffer würzen. Zum Schluss das Kürbiskernöl darunter mischen.

TIPPS **Zum Aufbewahren das Pesto in gut verschließbare Schraubgläser füllen und darauf achten, dass es gut mit Olivenöl bedeckt ist.**

Pesto schmeckt lecker zu gegrillten Kürbisspalten und anderem Ofengemüse, zu jeder Art von Pasta, aber auch als Topping auf einer Kürbiscremesuppe macht es sich gut.

AVOCADO-PESTO (FOTO)

1 Die Avocado halbieren und den Kern entfernen. Das Fruchtfleisch aus der Schale lösen, würfeln und mit Essig beträufeln. Den Knoblauch abziehen, in feine Scheiben schneiden. Die Basilikumblätter abzupfen. Den Mozzarella würfeln.

2 Avocado und Mozzarella in einen Mixer geben und gründlich pürieren. Knoblauch, Basilikum, Thymian und Rosmarin dazugeben und erneut kräftig pürieren. Das Pesto mit Salz und Pfeffer abschmecken. Zum Schluss das Öl untermischen.

TIPP Avocadopesto passt gut zu Nudeln, gegrilltem Fleisch, Tomaten, Chicorée oder sonstiger Rohkost.

VARIANTE Wer es vegan mag, nimmt Seidentofu anstelle von Mozzarella.

FÜR 4 PORTIONEN

- 1 reife Avocado
- 2 EL Apfelessig
- 3 Knoblauchzehen
- 1 kleiner Topf Basilikum
- 60 g Mozzarella
- 1 TL getrockneter Thymian
- 1 TL Rosmarin, getrocknet
- Salz, Pfeffer
- 3 EL Olivenöl

Arbeitszeit: 15 Min.

PFLANZLICHES APFEL-CHILI-SCHMALZ (FOTO)

FÜR 10–15 PORTIONEN

- 1 kleine rote Zwiebel
- 2 Knoblauchzehen
- 1 kleiner Apfel
- 1 getrocknete Chilischote
- 125 ml Kokosöl
- 5 EL Olivenöl
- Meersalz

Arbeitszeit: 20 Min. (plus 20 Min. Kühlzeit)

1 Die Zwiebel und die Knoblauchzehen abziehen. Zwiebel fein würfeln, Knoblauch durch eine Presse drücken. Apfel waschen, vierteln, Kernhaus entfernen und sehr fein würfeln. Die Chilischote entkernen und in feine Ringe schneiden.

2 1–2 EL Kokosöl in einem Topf bei mittlerer Hitze erhitzen. Zwiebel, Knoblauch, Chili und Apfel darin andünsten. Die Zwiebel sollte nicht braun werden.

3 Restliches Kokosöl und Olivenöl unter ständigem Rühren bei geringer Hitze untermischen. Topf von der Kochstelle nehmen. Das Schmalz kräftig salzen und abkühlen lassen, dabei ab und zu umrühren, damit sich das Feste nicht unten absetzt.

TIPP **Passt gut zu Deftigem mit Kohl oder Chicorée.**

PFLANZLICHES KRÄUTERSCHMALZ

FÜR 10–15 PORTIONEN

1 kleine rote Zwiebel
2 Knoblauchzehen
½ Bund Schnittlauch
1 Rosmarinzweig
1–2 Dillzweige
125 ml Kokosöl
Meersalz nach Belieben
5 EL Leinöl

Arbeitszeit: 20 Min. (plus 20 Min. Kühlzeit)

1 Die Zwiebel und die Knoblauchzehen abziehen. Zwiebel fein würfeln, Knoblauch durch eine Presse drücken.

2 Die Kräuter waschen und trockenschütteln. Schnittlauch in feine Röllchen schneiden. Rosmarinnadeln und Dillspitzen von den Zweigen abstreifen.

3 1 EL Kokosöl erhitzen und bei mittlerer Hitze Zwiebel und Knoblauch darin glasig dünsten. Restliches Kokosöl dazugeben und unter ständigem Rühren bei geringer Hitze weiter dünsten. Die Kräuter dazugeben und mit Salz würzig abschmecken.

4 Den Topf von der Kochstelle nehmen und das Leinöl darunter rühren. Das Schmalz auskühlen lassen, ab und zu umrühren.

5 Das Kräuterschmalz in ein gut verschließbares Glas füllen und im Kühlschrank aufbewahren.

TIPPS **Im Kühlschrank ist das Kräuterschmalz bis zu 4 Wochen haltbar. Kräuterschmalz nur als Brotaufstrich verwenden – nicht erhitzen, sonst werden die wertvollen, entzündungshemmenden Omega-3-Fettsäuren des Leinöls zerstört. Wer Schmalz auch gerne zum Anbraten oder Erhitzen verwenden möchte, nimmt anstelle von Lein- besser Olivenöl (siehe Apfel-Chili-Schmalz auf S. 70).**

BOHNENAUFSTRICH (FOTO)

FÜR 4 PERSONEN

- 1 Avocado
- 1 Tomate
- ½ Chilischote
- 2–3 Salbeiblätter
- 250 g braune Kidneybohnen, gekocht (aus der Dose)
- 6 EL Olivenöl
- ½ TL Paprikapulver
- ½ TL Kurkumapulver
- Meersalz, schwarzer Pfeffer
- Petersilie nach Belieben

Arbeitszeit: ca. 15 Min.

1 Avocado halbieren, Kern entfernen, das Fruchtfleisch aus der Schale lösen und würfeln. Tomate gegenüber dem Stielansatz kreuzweise einschneiden, kurz ins kochende Wasser geben. Aufgeplatzte Haut abziehen und das Fruchtfleisch würfeln.

2 Die Chilischote entkernen und in feine Ringe schneiden. Salbei waschen und in feine Streifen schneiden. Die Bohnen mit der Hälfte des Öls in einen Mixer geben und pürieren.

3 Avocado, Tomaten, Paprika, Kurkuma und restliches Öl dazugeben und pürieren. Mit Salz und Pfeffer würzen. Salbei zugeben und erneut mixen. Mit Petersilie bestreut servieren.

TIPP Der Bohnenaufstrich passt als Brotaufstrich, als Dip zu Rohkost oder als Füllung für Kohlrouladen (siehe unten).

Dazu passendes Rezept

VEGETARISCHE KOHLROULADEN

FÜR 4 PERSONEN

- 1 kleiner Weißkohl
- Salz
- 1 EL Olivenöl
- 1 Menge Bohnenaufstrich (siehe oben)

Arbeitszeit: ca. 30 Min.

1 Den Weißkohl waschen, putzen und den Strunk entfernen. 1 l Salzwasser in einem Topf zum Kochen bringen. Den Weißkohl darin ca. 20 Minuten köcheln lassen.

2 Danach den Kohl abtropfen lassen, etwas auskühlen lassen und die Kohlblätter einzeln vorsichtig ablösen. Je nach Größe lösen Sie für 4 Kohlrouladen etwa 8 Blätter ab.

3 Jeweils zwei Blätter aufeinanderlegen und den Bohnenaufstrich gleichmäßig darauf verteilen. Die Blätter aufrollen und mit Küchengarn zusammenbinden.

4 Das Olivenöl in einer Pfanne erhitzen und die Kohlrouladen darin 2–3 Minuten rundum anbraten.

TOMATENAUFSTRICH (FOTO)

FÜR 8 PERSONEN

1 Tomate
6 schwarze Oliven ohne Stein
Meersalz, Pfeffer
1 Knoblauchzehe
4 getrocknete Tomaten
1–2 Dillzweige oder ½ TL Dill, getrocknet (alternativ Thymian)
5–6 EL Olivenöl
½ TL Oregano, getrocknet

Arbeitszeit: ca. 15 Min.

1 Die Tomate gegenüber dem Stielansatz kreuzweise einschneiden und kurz ins kochende Wasser geben. Die aufgeplatzte Haut abziehen. Das Fruchtfleisch würfeln.

2 Oliven halbieren und mit den Tomatenwürfeln vermengen, mit Salz und Pfeffer würzen. Knoblauch abziehen und in feine Scheiben schneiden.

3 Die getrockneten Tomaten klein schneiden. Dillzweig waschen, trockenschütteln und die Spitzen abzupfen.

4 Knoblauch, frische und getrocknete Tomaten und Oliven mit dem Öl in einen Mixer geben und pürieren. Dill (oder Thymian) und Oregano zugeben und kurz mixen. Bei Bedarf noch 1–2 EL Olivenöl zugeben.

FRUCHTIGER AVOCADO-AUFSTRICH

FÜR 2 PERSONEN

1 reife Avocado
1 Zweig Zitronenmelisse
2 Blättchen Pfefferminze
250 g Papaya
1 EL Leinöl

Arbeitszeit: ca. 15 Min.

1 Avocado halbieren, den Kern entfernen und das Fruchtfleisch aus der Schale lösen. Das Fruchtfleisch mit einer Gabel fein zerdrücken. Zitronenmelisse vom Zweig streifen und mit der Pfefferminze klein hacken. Papaya entkernen, die Schale entfernen und das Fruchtfleisch würfeln.

2 Papayawürfel mit den Kräutern in einen Mixer geben und kurz pürieren. Das Mus anschließend unter die Avocado geben.

TIPPS **Der fruchtige Aufstrich schmeckt nicht nur aufs Brot, probieren Sie ihn auch zu gegrilltem Fisch oder Fleisch. Alternativ können Sie statt Papaya auch Mango nehmen.**

MÖHREN-WALNUSS-CREME

FÜR 2 PERSONEN

- 250 g Möhren
- 30 g getrocknete Granatapfelkerne
- 8 Walnusshälften (alternativ Pinien- oder Cashewkerne)
- 1 EL Manukahonig
- 2 EL Zitronensaft
- ½ TL Zimt

Arbeitszeit: ca. 25 Min.

1 Möhren waschen, ggf. schälen und klein würfeln. In einem Topf mit wenig Wasser 10 Minuten dünsten. Dann die Granatapfelkerne dazugeben und weitere 5 Minuten dünsten.

2 Die Walnüsse grob hacken. Die Möhren mit den Granatapfelkernen in ein Sieb geben und abtropfen lassen.

3 Die gedünsteten Möhren in einen Mixer geben und pürieren. Honig, Zitronensaft und Zimt unterrühren. Zuletzt die Walnusskerne vorsichtig unterheben.

TIPPS **Die Creme ist ein leckerer Aufstrich oder als Rohkostdip hervorragend geeignet.**
In einem gut verschlossenen Gefäß ist sie ca. 3 Tage im Kühlschrank haltbar.

ROTE-BETE-HUMMUS

FÜR 4 PERSONEN

- 4 Knollen Rote Bete, gegart
- 15 g Chiasamen
- 1 Knoblauchzehe
- 1 kleine rote Zwiebel
- 180 g Kichererbsen aus der Dose, gekocht
- 2 EL Zitronensaft
- 1 TL Kreuzkümmel, gemahlen
- 1 TL Kurkumapulver
- 1 Prise schwarzer Pfeffer

Arbeitszeit: ca. 20 Min.

1 Die Rote Bete in Würfel schneiden. Chiasamen in etwas Wasser ca. 5 Minuten einweichen, evtl. überschüssiges Wasser abgießen.

2 Den Knoblauch abziehen und durch eine Presse drücken. Zwiebel abziehen und in feine Würfel schneiden. Kichererbsen abtropfen lassen.

3 Rote Bete, Kichererbsen, Chiasamen, 2 EL Wasser, Zitronensaft, Knoblauch, Zwiebel, Kreuzkümmel, Kurkuma und Pfeffer in einen Mixer geben und gründlich pürieren. Es sollte eine sämige Masse werden.

TIPP **Der Hummus passt zu gedünstetem und gegrilltem Gemüse, z. B. Zucchini, Auberginen, Tomaten und Paprika.**

SCHARFE PAPAYA-SAUCE

1 Die Papaya halbieren, die Kerne entfernen und das Fruchtfleisch mit einem Messer von der Schale lösen.

2 Den Ingwer fein reiben und mit 200 ml Wasser aufkochen. Leicht köchelnd das Wasser um die Hälfte reduzieren.

3 Papaya mit Essig und eingekochtem Ingwerwasser pürieren und nach Belieben würzen. Die gehackten Kräuter hinzufügen und alles mindestens 10 Minuten ziehen lassen.

TIPP Die Sauce passt sehr gut zu Fisch, Garnelen, Rindfleisch oder gedünstetem Gemüse.

FÜR 2 PERSONEN

1 Papaya
1 Stück Ingwer (2 cm)
2 EL Bio-Apfelessig
etwas Salz
Chili- und Paprikapulver nach Belieben
etwas Koriandergrün, Rosmarin und Liebstöckel, fein gehackt

Arbeitszeit: 30 Min.

SÜSSE SANDDORNCREME MIT TOFU

1 Seidentofu, Honig, 4 EL Sanddornmark und Limettensaft in eine höhere Schüssel geben. Das Vanillemark aus der Schote kratzen und zur Tofumasse geben. Alle Zutaten mit einem Pürierstab zu einer sämigen Masse mixen.

2 Die Creme auf Dessertschälchen verteilen und mit dem restlichen Sanddornmark und den gehackten Walnüssen garnieren.

VARIANTEN Die Sanddorncreme lässt sich auch gut zubereiten mit Quark (150 g) und Schmand (1 Becher). Anstelle der gehackten Walnüsse schmecken auch geröstete Pinienkerne sehr gut.

FÜR 4 PERSONEN

250 g Seidentofu
1 EL Manukahonig
5 EL Sanddornmark
Saft von ½ Limette
½ Vanilleschote
2 EL Walnüsse, gehackt

Arbeitszeit: ca. 10 Min.

CREMIGES KURKUMA-SALATDRESSING (FOTO)

FÜR 4 PERSONEN

- 1 Knoblauchzehe
- 1 Limette
- 200 g Ziegenfrischkäse
- 4 EL Bio-Apfelessig
- 1 EL Manukahonig
- 1 TL Kurkumapulver
- schwarzer Pfeffer, Salz
- 2 EL Walnussöl

Arbeitszeit: 10 Min.

1 Den Knoblauch abziehen und durch eine Presse drücken. Die Limette waschen, trockenreiben und die Schale fein abreiben. Die Limette auspressen.

2 Limettensaft mit Knoblauch, Frischkäse und Essig mit einem Schneebesen gut verrühren oder mit einem Mixer kräftig pürieren.

3 Honig, Kurkuma, Pfeffer, Salz und Öl untermischen. Das Dressing sollte eine möglichst sämige Konsistenz haben. Wenn es zu fest ist, noch etwas Mineralwasser zugeben.

TIPPS **Das Dressing lässt sich in einem gut verschließbaren Gefäß eine Woche im Kühlschrank aufbewahren. Daher bietet es sich an, gleich die doppelte Menge zuzubereiten.**
Das Kurkuma-Dressing passt gut zu allen grünen Blattsalaten sowie für Salate aus Hülsenfrüchten.

WILDKRÄUTER-DRESSING

FÜR 4 PERSONEN

- 1 kleine rote Zwiebel
- ½ Handvoll Giersch oder Bärlauch
- 2 EL Balsamicoessig
- 4 EL Olivenöl
- Salz, schwarzer Pfeffer
- 1 Msp. Kurkuma, gemahlen

Arbeitszeit: ca. 10 Min.

1 Die Zwiebel abziehen und fein würfeln. Giersch oder Bärlauch waschen, trockentupfen und fein hacken.

2 Zwiebel und Wildkräuter mit 4–6 EL Wasser, Essig, Öl, Salz, Pfeffer und Kurkuma in einen Mixer geben und alles gründlich miteinander pürieren.

TIPPS **Anstelle der erwähnten Wildkräuter oder aber auch zusätzlich können Sie junge Löwenzahnblätter oder Spitzwegerich verwenden.**
Wer cremige Dressings bevorzugt, der reduziert das Olivenöl auf 2 EL und gibt zusätzlich 2 EL Ziegenfrischkäse dazu.

SCHWARZKÜMMEL-KRÄUTER-DRESSING

1 Petersilie und Schnittlauch waschen, trockenschütteln und fein hacken.

2 Die restlichen Zutaten gut miteinander verrühren. Anschließend Petersilie und Schnittlauch dazugeben.

TIPP **Das Kräuter-Dressing passt gut zu Rucola-, Linsen- und Rosenkohlsalat (siehe folgendes Rezept).**

FÜR 4 PERSONEN

½ Bund Petersilie
½ Bund Schnittlauch
4 EL Olivenöl
2 TL Schwarzkümmelöl
2 EL Bio-Apfelessig
1 TL Dijon-Senf
Salz, schwarzer Pfeffer

Arbeitszeit: ca. 10 Min.

Dazu passendes Rezept

ROSENKOHLSALAT MIT ÄPFELN (FOTO)

1 Den Rosenkohl putzen und waschen. Äpfel waschen, vierteln, Kernhaus entfernen und das Fruchtfleisch würfeln. Rosenkohlröschen halbieren und in 2 EL Öl in einer beschichteten Pfanne ca. 10 Minuten bissfest braten. Auf einen Teller geben und die Röschen etwas auskühlen lassen.

2 Das restliche Olivenöl in der Pfanne erhitzen. Apfelwürfel darin ca. 3 Minuten dünsten und herausnehmen. Rosenkohl mit den Äpfeln mischen. Mit dem Dressing vermengen und den Salat mindestens 1 Stunde ziehen lassen. Je länger, desto besser. Kurz vor dem Servieren mit den Walnüssen bestreuen.

TIPP **Dazu passt Putenfleisch oder Feta mit Walnuss-Pinienkern-Pesto (siehe S. 67).**

FÜR 4 PERSONEN

500 g Rosenkohl
2 Äpfel
etwas Salz
3 EL Olivenöl
2 EL Walnusskerne, gehackt
4 EL Schwarzkümmel-Kräuter-Dressing (siehe oben)

Arbeitszeit: ca. 20 Min.

SÜSS-SAURE SALATSAUCE

FÜR 4 PERSONEN

- 50 g Papaya
- 1 EL Pinienkerne
- 2–4 Blättchen Zitronenmelisse
- 2 EL Bio-Apfelessig
- etwas Senf
- Salz und Pfeffer nach Belieben
- 4 EL Olivenöl

Arbeitszeit: ca. 10 Min.

1 Die Papaya halbieren, entkernen, schälen und in kleine Würfel schneiden. Papaya, Pinienkerne und Zitronenmelisse mit 4 EL Wasser und dem Essig in einen Mixer geben und gründlich pürieren.

2 Senf, Salz, Pfeffer und Öl dazugeben und alles gründlich mixen. Nach Belieben abschmecken.

TIPPS Die süß-saure Salatsauce schmeckt gut zu allen Blattsalaten. Auch zum Marinieren von Schafs- und Ziegenkäse oder Tofu ist sie gut geeignet.
Anstelle von Olivenöl können Sie auch selbst zubereitetes Basilikumöl (siehe Seite 89) verwenden.

Dazu passendes Rezept

KOHLRABI-ROTE-BETE-CARPACCIO

FÜR 4 PERSONEN

- 2 EL Pinienkerne
- 200 g Kohlrabi
- 200 g Rote Bete, gegart
- schwarzer Pfeffer aus der Mühle
- 3–4 EL süß-saure Salatsauce (siehe oben)
- 1 EL Schnittlauchröllchen oder Dillspitzen

Arbeitszeit: 15 Min.

1 Die Pinienkerne in einer heißen Pfanne ohne Fett leicht bräunen. Aus der Pfanne nehmen und beiseite stellen.

2 Den Kohlrabi schälen und mit einem Gemüsehobel in ganz dünne Scheiben schneiden. Die Rote Bete ebenfalls mit dem Hobel in feine Scheiben schneiden (am besten Einweghandschuhe tragen).

3 Gemüsescheiben abwechselnd auf Tellern auslegen und mit Pfeffer bestreuen. Gemüse-Carpaccio mit der süß-sauren Salatsauce großzügig beträufeln. Die gerösteten Pinienkerne und Schnittlauch oder Dill darüber streuen.

TIPP Passt gut zu Roggenvollkornbrot und Ziegenfrischkäse.

ROTE-BETE-DRESSING

1 Die Rote Bete würfeln. Die Avocado halbieren und den Kern entfernen. Das Fruchtfleisch aus der Schale losen und klein schneiden.

2 Den Dill waschen und die Spitzen abstreifen. Rote Bete und Avocado mit der Hälfte der Brühe in einen Mixer geben und gründlich pürieren. Den Apfelessig und die restliche Brühe dazugeben und erneut gründlich mischen.

3 Das Dressing mit Salz und Pfeffer würzen. Zum Schluss Öl und Dill untermischen.

TIPPS **Das Dressing passt hervorragend zu Kichererbsensalat oder zu Matjessalat (siehe unten).**
Anstelle des Rapsöls können Sie auch eine Kräuteröl-Mischung nach Belieben verwenden (siehe ab Seite 88).

FÜR 2 PERSONEN

- **100 g Rote Bete, gegart**
- **1 reife Avocado**
- **2 Stängel Dill**
- **75 ml Gemüsebrühe**
- **2 EL Bio-Apfelessig**
- **Salz und Pfeffer**
- **2 EL kalt gepresstes Rapsöl**

Arbeitszeit: ca. 15 Min.

Dazu passendes Rezept

MATJESSALAT MIT ROTE-BETE-DRESSING

1 Die Matjesfilets in mundgerechte Stücke schneiden. Die Essiggurken in dünne Scheiben schneiden.

2 Den Apfel waschen, vierteln, Kernhaus entfernen und das Fruchtfleisch in kleinere Würfel schneiden. Die Zwiebel abziehen und würfeln.

3 Matjes, Gurken, Äpfel und Zwiebel in einer Schüssel vorsichtig miteinander mischen. Das Rote-Bete-Dressing dazugeben, mischen und den Salat mindestens 15 Minuten ziehen lassen. Je länger der Salat durchziehen kann, desto besser!

FÜR 2 PERSONEN

- **200 g Matjesfilets**
- **2 Essiggurken**
- **1 Apfel**
- **1 kleine rote Zwiebel**
- **4 EL Rote-Bete-Dressing (siehe oben)**

Arbeitszeit mit Dressing und Zeit zum Durchziehen: ca. 40 Min.

AVOCADO-DRESSING

FÜR 2 PERSONEN

- 1 reife Avocado
- 1 Knoblauchzehe
- ½ Zitrone
- ½ Bund Schnittlauch
- 1 EL Bio-Apfelessig
- 50 ml Gemüsebrühe
- Salz, Pfeffer
- 1 EL Olivenöl

Arbeitszeit: ca. 10 Min.

1 Die Avocado halbieren, den Kern entfernen, das Fruchtfleisch aus der Schale lösen und mit einer Gabel grob zerdrücken.

2 Den Knoblauch abziehen und durch eine Presse drücken. Die Zitrone auspressen. Schnittlauch waschen, trockenschütteln und in feine Röllchen schneiden.

3 Knoblauch, Zitronensaft, Apfelessig und Brühe mit der Avocado in einem Mixer gründlich pürieren. Mit Salz und Pfeffer würzen. Öl und Schnittlauch darunter mischen. Das Dressing sollte sämig sein, bei Bedarf noch etwas Brühe dazugeben.

TIPPS **Das Dressing passt gut zu Tomaten- oder Paprikasalat sowie zu Nudel- oder Reissalaten.**
Anstelle des Olivenöls schmeckt auch das selbst zubereitete Chili-Ingweröl (Rezept Seite 89) sehr gut dazu.

NUSS-DRESSING

FÜR 4 PERSONEN

- **2 EL Pinienkerne**
- **2 EL Erdnusskerne, gesalzen**
- **1 Knoblauchzehe**
- **1 kleine rote Zwiebel**
- **½ Chilischote**
- **1 Limette**
- **100 ml Kokosmilch, ungesüßt**
- **1 TL Manukahonig**
- **4 EL Walnussöl**
- **schwarzer Pfeffer**
- **evtl. Salz**

Arbeitszeit: 15 Min.

1 Die Pinien- und Erdnusskerne in einer Pfanne ohne Fett kurz anrösten, bis sie leicht Farbe annehmen. Die Pfanne beiseite stellen.

2 Knoblauchzehe abziehen und durch eine Presse drücken. Die Zwiebel abziehen und fein würfeln.

3 Die Chilischote waschen, entkernen und in feine Ringe schneiden. Die Limette waschen, die Schale abreiben und auspressen.

4 Erdnuss- und Pinienkerne mit Knoblauch, Zwiebel, Chili und Kokosmilch in einen Mixer geben und gründlich pürieren. Limettenschale, -saft, Honig und Öl dazugeben und erneut kräftig pürieren. Mit Pfeffer und evtl. Salz abschmecken.

TIPPS **Das Dressing schmeckt gut zu Obst- und Blattsalaten sowie Frischkäse und Pilzen. Fein geschnittene rohe oder angebratene Pilze einige Minuten im Nuss-Dressing marinieren.**

BEERENDRESSING (FOTO)

FÜR 4 PERSONEN

- **300 g Beeren, gemischt (z. B. Him-, Heidel-, Brombeeren, tiefgekühlt)**
- **125 ml Holundersaft**
- **2 EL Bio-Apfelessig**
- **1 TL Manukahonig**
- **4 EL Olivenöl**
- **Salz, schwarzer Pfeffer**
- **1 Handvoll Minzeblättchen**

Arbeitszeit: ca. 10 Min.

1 Die gefrorenen Beeren mit dem Holundersaft pürieren. Den Essig, den Honig und das Öl hinzufügen und alles gründlich mischen. Mit Salz und Pfeffer nach Belieben würzen.

2 Die Minzeblättchen fein hacken und zum Schluss unter das Dressing heben.

TIPP **Das Beeren-Dressing harmoniert gut zu grünen Blattsalaten, wie z. B. Feldsalat, Lollo Rosso- oder Kopfsalat. Auch Karotten-, Weißkraut- und Rotkohlsalat bekommen ein feines Aroma durch das Beerendressing.**

KRÄUTERÖLE SELBST GEMACHT

Kräuter sind für jeden Hobbygärtner sehr dankbare Pflanzen, weil sie im Gartenbeet, Balkonkasten oder in Töpfen auf der Terrasse gezogen werden können und ohne großen Aufwand gedeihen.

Doch meist kann man das aromatische, frische Grün gar nicht so schnell verbrauchen wie es nachwächst. Da bieten sich verschiedene Methoden der Haltbarmachung an, wie z.B. Trocknen oder Einfrieren. Oder Sie verarbeiten die frischen Kräuter zu Pestos, Kräutersalz oder Kräuterölen, um auch nach dem Sommer noch wertvolle und aromatische Kräuter genießen zu können.

Um die Vielfalt der Kräuter und ihre vor Entzündungen schützenden Inhaltsstoffe nutzen zu können, geben wir in diesem Buch einige Anregungen und Rezepturen für gehaltvolle Kräuteröle. Die ätherischen Öle und Aromen der Kräuter lösen sich am leichtesten in pflanzlichen Ölen, und wir können auf diese Weise vielen Salaten, Pestos oder Suppen ein unverwechselbares Aroma verleihen. Und gleichzeitig bewahren und nutzen wir den hohen gesundheitlichen Wert.

Ob Sie ein reines Kräuteröl herstellen, wie z.B. Rosmarin-, Knoblauch- oder Thymianöl, oder lieber ein Kräuteröl mit vielen weiteren Aromen ansetzen, bleibt Ihrer individuellen Vorliebe überlassen. In jedem Fall profitiert Ihre Gesundheit von den entzündungsschützenden Inhaltsstoffen der Kräuter und Gewürze.

Experimentieren Sie einfach mit Lieblingskräutern und -gewürzen und setzen Sie am besten immer erst kleine Mengen (250 ml) an.

So einfach ist es

Die Grundvoraussetzungen für die Zubereitung von Kräuterölen sind:

- Ein Basisöl – kalt gepresstes Oliven- oder Rapsöl sind hier die Favoriten. Aber auch mildes Leinöl ist ein echter Anti-Entzündungs-Booster, denn es liefert zusätzlich entzündungshemmende Omega-3-Fettsäuren.
- Frische Kräuter aus dem Garten oder Wildkräuter, wie z.B. Löwenzahn, Brennnessel, Giersch oder Bärlauch. Kräuteröle können auch mit getrockneten Kräutern angesetzt werden. Bei frischen Kräutern zupfen Sie die Blätter von den Stielen, größere Blätter grob hacken – alle Kräuter auf einem Küchentuch ausbreiten und ca. 2 Std. antrocknen lassen.
- Ein dunkles Schraubglas mit weiter Öffnung wird benötigt, damit die Kräuter problemlos hineingegeben und später herausgenommen werden können. Ein dunkles Glas (Braunglas) ist von Vorteil, um das Öl vor Lichteinfall zu

schützen. Das Glas sollte gut verschließbar sein, sodass keine Luft an das Öl gelangen kann.

- Aromageber wie z. B. Knoblauch, Chili, Pfefferkörner, Zitronen- und Orangenschalen, Ingwer oder Kurkuma eignen sich einzeln sehr gut, um sortenreine Öle herzustellen. Sie lassen sich aber auch gut mit Kräutern kombinieren.
- Sauerstoffabschluss ist wichtig, daher sollten Kräuter und Gewürze stets gut mit Öl bedeckt sein, sonst kann es zu Schimmel kommen.

Ansetzen eines Kräuteröls

Kräuteröle geben den Speisen eine besondere Note und liefern gleichzeitig ätherische Öle mit antientzündlicher Wirkung. Das Ansetzen von Kräuterölen ist einfach und gelingt immer, dabei müssen nur wenige grundlegende Punkte beachtet werden.

- Frische Kräuter sollten möglichst nicht gewaschen, sondern nur gesäubert und verlesen werden. Wenn die Kräuter zu feucht sind, kann es zu Schimmelbildung kommen.
- Frische Kräuter locker in ein Schraubglas schichten und das ausgewählte Basisöl darüber gießen, sodass die Kräuter vollständig mit Öl bedeckt sind. Bei Verwendung von getrockneten Kräutern diese in einem Mörser etwas anquetschen und dann mit Öl übergießen.
- Das Glas verschlossen an einem dunklen, kühlen Ort 1 bis 4 Wochen abstellen. Hin und wieder schütteln. Je länger die Kräuter ziehen, desto intensiver werden Geschmack und Wirkung.
- Wenn das Öl sein gewünschtes Aroma erreicht hat, wird es in kleinere Flaschen oder Gläser abgefüllt. Dabei filtert man das Öl entweder mit einem Sieb (bei groben Zutaten) oder mithilfe eines Kaffeefilters, wenn feinere Zutaten, wie beispielsweise zerriebene, getrocknete Kräuter oder Gewürze enthalten sind.

Verwenden Sie Ihre Lieblingszutaten für selbstgemachte Aroma- und Kräuteröle.

KRÄUTERÖL (FOTO)

FÜR 250 ML

- **1 Zweig Rosmarin (oder ½ TL Rosmarin, getrocknet)**
- **1 Stängel Thymian (oder ½ TL Thymian, getrocknet)**
- **1 Salbeiblatt (oder ½ TL Salbei, getrocknet)**
- **5 Blätter Basilikum (oder 1 TL Basilikum, getrocknet)**
- **250 ml Leinöl, kalt gepresst**

Arbeitszeit: 5 Min
Ziehzeit: mind. 2 Wochen.

1 Rosmarinnadeln und Thymianblättchen von den Stielen zupfen und mit Basilikum und Salbei in ein Schraubglas schichten. Mit dem Leinöl übergießen, sodass alle Kräuter gut bedeckt sind.

2 Das Glas gut verschließen und an einem dunklen, kühlen Ort mindestens 2 Wochen stehen lassen. Alle 2 bis 3 Tage vorsichtig schütteln. Anschließend filtrieren.

TIPPS Eine weitere lecker-aromatische Komposition erhalten Sie, wenn Sie Thymian, Rosmarin, Dill, Basilikum und Zitronenmelisse kombinieren.
Das Öl sollte nicht erhitzt werden! Es eignet sich für Salate, Smoothies oder Pesto, sowie auf getoastetem Vollkornbrot. Auch für Suppen ist es eine wertvolle Bereicherung – geben Sie das Kräuteröl nach Ende der Garzeit in die Suppe.

BASILIKUMÖL

FÜR 250 ML

- **250 g frisches Basilikum**
- **1 TL Salz**
- **schwarzer Pfeffer aus der Mühle**
- **250 ml kalt gepresstes Rapsöl**

Arbeitszeit: ca. 10 Min.
Ziehzeit: 1 Woche

1 Basilikumblätter abzupfen und in ein höheres Gefäß geben. Salz, Pfeffer und Öl zugeben und alles zusammen mit einem Pürierstab gründlich mixen.

2 In ein Schraubglas füllen und im Kühlschrank mindestens 1 Woche ziehen lassen.

TIPPS Basilikumöl schmeckt hervorragend zu italienischen Gerichten, insbesondere zu Tomaten-Mozzarella-Salat.
Das Basilikumöl ist im Kühlschrank bis zu 4 Wochen haltbar. Achten Sie darauf, dass die Kräuter und Gewürze immer gut mit Öl bedeckt sind, ansonsten besteht die Gefahr von Schimmelbildung!
Auf diese Weise lassen sich auch Thymian- oder Rosmarinöl herstellen. Anstelle von kalt gepresstem Rapsöl wird auch gern Olivenöl verwendet.

CHILI-INGWER-ÖL

FÜR 250 ML

- **2 getrocknete Chilischoten**
- **1 Stück Ingwer (ca. 3 cm)**
- **1 Bio-Zitrone**
- **250 ml Olivenöl**

Arbeitszeit: 10 Min.
Ziehzeit: 2 Wochen

1 Die Chilischoten mit Kernen in dünne Ringe schneiden. Ingwer grob raspeln. Zitrone waschen und die Schale fein abreiben.

2 Chili, Ingwer und Zitronenschale in ein Schraubglas geben und mit Olivenöl auffüllen. An einem dunklen, kühlen Ort mindestens 2 Wochen ziehen lassen und in regelmäßigen Abständen vorsichtig schütteln.

3 Dann das Öl filtern und in eine gut verschließbare Flasche oder in ein Glas abfüllen.

TIPP Während man bei Kräuterölen die Kräuter gerne im Öl belässt, ist es bei Gewürzen sinnvoll, das Öl zu filtrieren, da es nach einiger Zeit einen bitteren Geschmack annehmen kann.

VANILLE-ZIMT-KURKUMA-LEINÖL

FÜR 250 ML

1 Vanilleschote
1 Zimtstange
1 TL Kurkumapulver
1 Prise schwarzer Pfeffer
250 ml kalt gepresstes Leinöl

Arbeitszeit: ca. 10 Min.
Ziehzeit: 1 Woche

1 Die Vanilleschote längs einritzen und das Vanillemark auskratzen. Die Zimtstange in drei Teile teilen.

2 Vanilleschote, -mark, Zimt, Kurkuma und Pfeffer in ein Schraubglas geben und mit dem Leinöl begießen.

3 Alles gut verschlossen mindestens 1 Woche im Kühlschrank durchziehen lassen. Danach kann das Öl vor der Verwendung filtriert werden, muss aber nicht.

TIPP Das Vanille-Zimt-Kurkuma-Leinöl schmeckt besonders gut zu Desserts, Milchreis, Müsli, Joghurt oder Quark sowie zu frischem Obst.

Dazu passendes Rezept

SOJA-PAPAYA-MILCH MIT AROMA-LEINÖL (FOTO)

FÜR 1 PERSON

½ Papaya
250 ml Sojamilch
1 EL Vanille-Zimt-Kurkuma-Leinöl (siehe oben)

Arbeitszeit: 5 Min.

1 Die Papaya halbieren und entkernen. Das Fruchtfleisch aus der Schale lösen und fein würfeln.

2 Mit etwas Sojamilch in einen Mixer geben und kräftig pürieren. Anschließend die restliche Sojamilch und das Leinöl dazugeben und kurz aufmixen. Die aufgeschäumte Milch in ein Glas füllen.

GRÜNKOHLSUPPE (FOTO)

FÜR 4 PERSONEN

- 1 rote Zwiebel
- 1 Knoblauchzehe
- 50 g Knollensellerie
- 1 Kartoffel (ca. 150 g)
- 150 g Grünkohlblätter
- 2 EL Olivenöl
- 600 ml Gemüsebrühe
- Salz, schwarzer Pfeffer
- 1 Msp. Muskat
- 100 g Sahne
- 1 EL Walnüsse, gehackt, nach Belieben

Arbeitszeit: 35 Min

1 Zwiebel und Knoblauch abziehen und in feine Würfel schneiden. Sellerie und Kartoffel putzen, schälen und grob in Würfel schneiden. Grünkohlblätter putzen, waschen und in dünne Streifen schneiden.

2 Das Olivenöl in einem Topf erhitzen. Zuerst Zwiebel und Knoblauch kurz darin anbraten. Dann Sellerie, Grünkohl und Kartoffeln zugeben und mit der Gemüsebrühe aufgießen.

3 Das Ganze zum Kochen bringen und bei mittlerer Hitze 20 Minuten köcheln lassen. Danach die Suppe pürieren, mit Salz, Pfeffer und Muskat abschmecken.

4 Kurz vor dem Servieren Sahne unterrühren. Die Suppe auf Tellern verteilen und nach Belieben mit Nüssen bestreuen.

TIPP **Statt der Walnüsse schmecken auch 1–2 TL Walnuss-Pinienkern-Pesto (S. 67) oder Möhren-Walnuss-Creme (S. 76).**

MÖHREN-SANDDORN-SUPPE

FÜR 4 PERSONEN

- 600 g Möhren
- 2 Schalotten
- 2 EL Rapsöl
- 700 ml Gemüsebrühe
- 2 EL Sanddornmark, ungesüßt (Reformhaus)
- 4 EL Sahne
- Salz und Pfeffer

Arbeitszeit: ca. 35 Min.

1 Die Möhren waschen, ggf. schälen und grob zerkleinern. Schalotten abziehen und fein würfeln.

2 Das Rapsöl in einem Topf erhitzen und die Schalotten darin dünsten. Möhren dazugeben, kurz mitdünsten und mit der Brühe ablöschen. Die Suppe zugedeckt 25 Minuten bei schwacher Hitze köcheln lassen, dabei gelegentlich umrühren.

3 Die Brühe mit den Möhren in einen Mixer geben und pürieren. Sanddornmark dazugeben und gut mixen, danach die Sahne zugeben. Alles mit Salz und Pfeffer abschmecken und sofort servieren.

WÄRMENDE FLIEDERSUPPE

FÜR 4 PERSONEN

- 500 g reife Holunderbeeren
- abgeriebene Schale von 1 Bio-Zitrone
- 2 EL Zucker
- 1 Prise Salz
- 1 – 2 TL Speisestärke
- nach Belieben Rotwein, Croûtons oder geschlagene Sahne zum Verfeinern

Arbeitszeit: ca. 35 Min.

1 Holunderbeeren von den Stielen streifen, waschen und in einem Topf mit 1 Liter Wasser und der Zitronenschale in 20 Minuten fast gar kochen.

2 Die Beeren durch ein feines Haarsieb in einen zweiten Topf streichen und mit Zucker und Salz vermischen. Die Speisestärke mit etwas Wasser anrühren, zur Fliedersuppe geben und diese erneut aufkochen.

3 Nach Belieben mit etwas Rotwein, Croûtons oder geschlagener Sahne verfeinert servieren.

SACHREGISTER

REZEPTREGISTER